Les meilleures recettes des terroirs de France

ISBN : 978-2-7234-7903-5
Dépôt légal : octobre 2010

Direction éditoriale : *Isabelle Fortis*
Pré-presse et fabrication : Glénat Production
Recettes : *Véronique Abrard, Marina Lombardi, Marianne Boilève, Josette et Évelyne Boudou, Dom Compare, Fabienne Deshker, Luce Émeriaud, Julien Frizot, Christian Garraud, Louis Audoubert, Marie-Jo Luciani, Jacques Messiant, Pénélope Puymirat*
Illustrations : *Philippe Audoy, Adeline Bech, Jean-Marc Boudou, Fabienne Deshker, Gilberte Audoubert, Kristel Riethmuller, Marie-Paule Roc, Camille Virolleaud*

Les meilleures recettes des terroirs de France

Préface de Paul Bocuse

Glénat

Préface de Paul Bocuse

Cet ouvrage, illustré par d'alléchantes aquarelles, nous invite à faire un voyage gastronomique à travers notre pays, et le parcours ne manque pas de sel...

Il nous permet de découvrir ou de redécouvrir les grands classiques de la cuisine française qui ont rendu célèbre leur lieu d'origine et a le bon sens de tenir compte du mode de vie actuel, qui a profondément modifié notre façon de cuisiner, en proposant une approche simplifiée des recettes, sans pour autant sacrifier leur caractère traditionnel.

Il nous convie également à un cours de cuisine tout autant qu'à un cours d'histoire et de géographie. Chaque région est, en effet, le reflet d'influences diverses qui se retrouvent dans sa cuisine, particulièrement celles jouxtant les frontières.

La France demeure un vaste garde-manger où chaque région possède ses spécialités. Elle a le souci de préserver le goût juste à travers ses produits de terroir. Ainsi que j'ai coutume de le dire, il est important d'être intransigeant sur le choix des ingrédients, en veillant à leur qualité et à leur extrême fraîcheur si l'on veut obtenir un plat sain et savoureux.

Cette cuisine régionale permettra à beaucoup de retrouver leurs racines et de visiter les petits paradis du "bien manger". Rendez-vous avec la "cuisine vraie", celle qui reste hors des modes et respecte l'identité de chaque terroir.

Ne dit-on pas que pour bien aimer un pays, il faut le boire et le manger? Alors passons à table sans tarder!

Nord-Pas-de-Calais
Paris
Picardie

Soupe des hortillonnages

Les hortillonnages sont des îlots situés dans des marais entrecoupés de canaux où l'on pratique la culture maraîchère. Légumes et herbes récoltés sur ces terres permettaient de faire une soupe de printemps excellente, parfumée et... bien verte! Si ces jardins sont aujourd'hui devenus rares, la recette est toujours là.

Préparation : 30 minutes
Cuisson : 45 minutes

Pour 6 personnes

- 1 chou vert nouveau
- 6 blancs de poireaux
- 4 pommes de terre fermes
- 1 cœur de belle laitue
- 1 botte d'oseille
- 300 g de petits pois écossés
- 1 bouquet de cerfeuil
- 120 g de beurre
- sel, poivre

- Éplucher et laver le chou, le couper en morceaux en prenant soin d'en retirer le centre.
- Dans un faitout, faire chauffer 100 g de beurre à feu très doux, mettre le chou et couvrir.
- Laver les blancs de poireaux, les émincer et les ajouter au chou. Couvrir et laisser étuver 10 mn.
- Mouiller avec 2 l d'eau, assaisonner.
- Peler, laver et couper les pommes de terre en gros dés. Les ajouter à la préparation. Laisser cuire 10 mn.
- Laver, ciseler la laitue et l'oseille. Les faire fondre ensemble 10 mn à feu doux dans une casserole avec le reste de beurre.
- Dans le faitout, introduire les petits pois, le contenu de la casserole et le cerfeuil haché finement. Laisser cuire encore 15 mn. Rectifier l'assaisonnement.
- Servir avec des tranches de pain grillé.

Soupe à l'oignon gratinée

Voilà une recette incontournable qui ne date pas d'hier. La soupe à l'oignon était déjà populaire à l'époque romaine et fut longtemps considérée comme un plat réservé aux gens modestes, du fait du faible coût de son ingrédient principal. Sa version gratinée trouve son origine dans les bistrots situés autour des Halles et de Montmartre à Paris. Traditionnellement, elle se déguste au petit matin après une nuit blanche bien arrosée. D'aucuns prétendent qu'elle permet d'éviter la gueule de bois...

Préparation : 15 minutes
Cuisson : 45 minutes

Pour 4 personnes

- 600 g d'oignons blancs émincés
- 50 g de beurre
- 2 l de bouillon de pot-au-feu ou de poule (filtré)
- 1 verre de vin blanc sec
- 1 cuillère à soupe de farine
- 1 bouquet garni
- croûtons, emmental râpé
- sel, poivre

- Faire colorer les oignons avec le beurre dans un grand faitout.
- Saupoudrer les oignons de farine, mélanger et laisser cuire quelques instants.
- Déglacer avec le vin blanc et laisser réduire d'1/3 avant de verser le bouillon sur les oignons. Saler, poivrer. Ajouter le bouquet garni. Laisser cuire 45 mn sur feu moyen en écumant régulièrement la surface de la soupe.
- Au moment de servir, retirer le bouquet garni. Répartir la soupe dans 4 bols allant au four. Poser 4 croûtons de pain grillé sur chaque bol. Saupoudrer d'emmental râpé et faire gratiner sous le gril du four.

Flamiche au maroilles

Il suffit d'aller traîner ses guêtres vers le Nord pour entendre : "Le maroilles est le plus fin des fromages forts."
Né au VIIe siècle dans un monastère, il enchanta Saint Louis, Charles VI et François Ier... Rien que ça !
Que les gourmets au palais sensible soient rassurés, son goût corsé est atténué par la cuisson.

Préparation : 15 minutes
Repos : 1 heure
Cuisson : 10 minutes

Pour 4-6 personnes

- 250 g de farine
- 20 g de levure de boulanger
- 1 pincée de sel
- 3 cuillères à soupe de lait tiède
- 50 g de beurre fondu
- 2 cuillères à soupe de crème fraîche
- 350 g de maroilles
- 2 œufs
- poivre

- Dans un bol, délayer la levure dans le lait.
- Mettre la farine dans un récipient.
- Ajouter un œuf, le sel, la levure avec le lait et le beurre fondu.
- Mélanger avec une spatule. Pétrir longuement la pâte jusqu'à ce qu'elle devienne élastique.
- La battre sur un plan de travail fariné puis en faire une boule que l'on recouvrira d'un torchon.
- Découper le fromage en lamelles.
- Battre l'autre œuf avec la crème fraîche.
- Au bout de 1 h déposer la pâte dans un moule.
- Parsemer de lamelles de maroilles.
- Verser dessus le mélange œuf et crème.
- Poivrer.
- Enfourner et laisser cuire 10 mn à 220 °C.

Ficelles picardes

Cette spécialité régionale n'est autre qu'un gratin de crêpes salées, fourrées au jambon, au fromage et aux champignons. Elle se marie bien avec une salade d'endives et un verre de cidre, boisson de tradition dans la Somme.

Préparation : 30 minutes
Cuisson : 15 minutes

Pour 6 personnes

- 1 l de pâte à crêpes
- 70 g de lard frais
- 200 g de jambon blanc
- 300 g de champignons de Paris
- 200 g de comté râpé
- 50 cl de crème épaisse
- 40 g de beurre
- sel, poivre

- Préparer une douzaine de crêpes en graissant la poêle avec le lard. Réserver.
- Faire revenir les champignons émincés à la poêle dans 15 g de beurre. Saler et poivrer.
- Couper le jambon en lanières de 2 cm.
- Beurrer généreusement un plat allant au four.
- Garnir chaque crêpe de crème épaisse, de jambon en lanières, de champignons et de comté. Les disposer dans le plat en les calant.
- Napper de crème et parsemer le tout des restes de champignons, de jambon, de comté et de beurre.
- Faire gratiner 10 mn à four chaud à 210 °C. Servir aussitôt.

Harengs pommes à l'huile

Grand classique de la cuisine de bistrot ou de brasserie, cette salade sera d'autant plus goûteuse si vous la préparez plusieurs jours à l'avance.

Préparation : 15 minutes
Marinade : 5 à 6 jours
Cuisson : 20 minutes

Pour 4 personnes

- 12 filets de harengs
- 4 carottes
- 3 oignons
- 8 petites pommes de terre (bintje)
- 1 échalote émincée
- 1 laitue
- 3 branches de thym frais
- 2 feuilles de laurier
- persil
- huile d'arachide
- vinaigre
- grains de poivre
- sel, poivre

- Éplucher les carottes et les oignons et les couper en rondelles.
- Mettre les harengs dans l'huile avec les carottes, les oignons, le thym, le laurier et les grains de poivre. Laisser mariner au frais pendant 5 à 6 jours.
- Faire cuire les pommes de terre 20 mn. Les couper en rondelles. Les assaisonner avec de l'huile, du vinaigre et de l'échalote. Saler, poivrer et laisser tiédir la salade de pommes de terre.
- Dresser un lit de laitue sur chaque assiette. Poser 3 cuillères à soupe de pommes de terre dessus et 3 filets de harengs.
- Saupoudrer de persil haché.

Lisettes aux aromates

Les lisettes sont de petits maquereaux dont la chair est particulièrement fine.
Pour en apprécier toute la saveur, il est recommandé de les servir sans garniture.

Préparation : 10 minutes
Cuisson : 10 minutes

Pour 4 personnes

- 8 lisettes vidées
- 1/2 citron coupé en tranches
- 1 gros oignon émincé
- 2 gousses d'ail hachées
- 2 piments oiseaux
- 1 feuille de laurier
- 1 petite pincée d'origan
- 1 pincée de romarin
- 2 branches de thym
- 1 feuille de sauge
- 12,5 cl de vin blanc
- 5 cl de vinaigre d'alcool blanc
- sel, poivre

- Placer tous les ingrédients dans un grand faitout.
  Plonger les lisettes dedans.
  Recouvrir d'eau à hauteur et faire partir à feu vif.
- À la première ébullition, retirer du feu et laisser refroidir.
- Servir tiède ou froid avec les tranches d'oignon.

Moules à la marinière

Pline a vanté la délicatesse des moules. Galien et Dioscoride ont prétendu que les moules guérissaient les maladies du foie, de l'estomac ou des intestins. Le médecin Belon affirmait qu'elles "sont bonnes aux hydropiques, pour les purgations des femmes, aux goutteux et à la jaunisse". Alors, bonne santé à tous!

Préparation : 20 minutes
Cuisson : 5 minutes

Pour 4 personnes

- 3 ou 4 l de moules
- 1 verre de vin blanc sec
- 2 carottes
- 1 oignon
- thym, persil
- 1 gousse d'ail
- 2 clous de girofle
- 50 g de beurre
- sel, poivre

- Gratter les moules, les laver à grande eau et jeter celles qui sont ouvertes.
- Les mettre dans une marmite avec le vin blanc, les carottes en rondelles, l'oignon et le persil hachés, le thym, l'ail, un peu de sel, du poivre, les clous de girofle et le beurre.
- Mettre la marmite à feu vif, couvercle fermé, pour ouvrir les moules ; puis mélanger une fois ou deux ; quand elles sont ouvertes, elles sont cuites.
- Servir dans une assiette creuse avec un peu de jus filtré, du pain de seigle beurré et des frites dans une petite assiette posée à côté.

Harengs frits ou grillés

À Dunkerque, les harengs sont au centre des réjouissances carnavalesques. La bande des figuemans (corruption d'un mot flamand désignant les pêcheurs) promène des harengs fumés (les kippers) au bout d'une ligne de pêche pour les balancer sous le nez des curieux aux jours des festivités et rappeler que l'odeur du Carême est proche. Dans l'après-midi du dimanche gras, le premier magistrat jette ces harengs à la foule venue s'amasser au pied du beffroi pour empêcher le mauvais sort de s'abattre sur les pêcheurs d'Islande prêts au départ.

Harengs frits

Pour 4 personnes

- 8 harengs
- farine
- persil

Préparation : 10 minutes
Cuisson : 5 minutes

- Vider les harengs (n'enlever ni les œufs ni la laitance).
- Les écailler, couper la tête.
- Les fariner.
- Plonger les harengs apprêtés dans une friture à 170 °C.
- Servir salé et saupoudré de persil frit.

Harengs grillés

Pour 4 personnes :

- 8 harengs
- chapelure, beurre, fines herbes

Préparation : 15 minutes
Cuisson : 10 minutes

- Nettoyer les harengs comme précédemment.
- Les inciser s'ils sont gros.
- Les tremper dans du beurre fondu, puis de la chapelure.
- Renouveler l'opération en agrémentant cette fois la panure avec des fines herbes.
- Griller les harengs au barbecue ou à la poêle.
- Arroser de beurre noir avant de servir.

Carbonade flamande

C'est l'un des plats que vous trouverez dans ces délicieux petits estaminets dont l'âme a été retrouvée ces dernières décennies. On peut toutefois la préparer soi-même aisément. Mais quelle grand-mère écouter, puisque chacune en détient le secret?

Pour 6 personnes

- 1 kg de bœuf : basse-côte ou macreuse, paleron ou jumeau
- 50 g de beurre
- 3 cuillères à soupe de farine
- 1 oignon
- 3 cuillères à soupe de vinaigre
- 1 l de bière
- 3 tranches de pain d'épice
- moutarde
- 1 bouquet garni
- 2 clous de girofle
- 3 cuillères à soupe de cassonade
- sel, poivre

Préparation : 30 minutes
Cuisson : 3 heures

- Couper la viande en morceaux.
- Les faire revenir dans un faitout avec le beurre.
- Ajouter la farine et l'oignon émincé.
- Laisser cuire quelques minutes.
- Déglacer avec le vinaigre.
- Ajouter la bière et 1/2 l d'eau.
- Saler, poivrer.
- Incorporer le pain d'épice tartiné de moutarde, le bouquet garni, les clous de girofle et la cassonade.
- Faire mijoter à feu doux pendant 3 h environ.
- Servir avec des pommes de terre épluchées, cuites à l'eau.

Lapin aux pruneaux

Grâce à ses qualités de conservation, le pruneau était, jadis, apprécié des marins parce qu'il contenait de la vitamine C leur permettant de se préserver du scorbut.
Son goût sucré se marie agréablement avec celui du lapin. Voici une recette typique de la cuisine flamande.

Pour 6 personnes

- 1 lapin
- 80 g de beurre ou un peu d'huile
- 2 morceaux de sucre
- 3 cuillères à soupe de farine
- 2 échalotes
- 2 gousses d'ail
- thym, laurier
- vin rouge ou bière
- 1 poignée de pruneaux
- 1 cuillère à soupe de cassonade
- sel, poivre

Préparation : 20 minutes
Trempage : 1 heure
Cuisson : 1 h 30

- Faire tremper au préalable les pruneaux durant 1 h dans de l'eau tiède.
- Découper le lapin.
- Faire dorer les morceaux dans un faitout à l'huile ou au beurre avec le sucre.
- Saupoudrer de farine.
- Ajouter les échalotes, l'ail, le sel, le poivre, le thym et le laurier.
- Couvrir de vin rouge ou de bière.
- À mi-cuisson, ajouter les pruneaux égouttés et la cassonade.
- Servir avec des pommes de terre sautées à la poêle ou avec des frites.

Poulet à la picarde

*Le poulet à la picarde cuit tranquillement...
Tout en douceur, tant par les saveurs que par les teintes,
il est sans conteste un cousin éloigné de la blanquette.*

Préparation : 15 minutes
Cuisson : 1 h 30

Pour 6 personnes

- 1 poulet de 1,5 kg
- 1 kg de blancs de poireaux
- 150 g de beurre
- 2 feuilles de laurier
- 1 verre de vin blanc sec
- 1/2 citron
- 150 g de crème fraîche
- 2 jaunes d'œufs
- sel, poivre

- Couper le poulet en morceaux. Laver et émincer les poireaux.
- Mettre 100 g de beurre à chauffer dans une cocotte. Ajouter les poireaux, mélanger et laisser cuire 15 mn à feu très doux. Saler et poivrer.
- Incorporer le poulet, le laurier et le vin blanc. Couvrir et laisser cuire 50 mn à feu doux en tournant les morceaux de poulet à mi-cuisson. Réserver.
- Dans un bol, presser le demi-citron, ajouter la crème et les jaunes d'œufs. Battre ce mélange au fouet.
- Faire fondre le reste du beurre dans une casserole et l'ajouter.
- Verser cette crème sur le poulet. Rectifier l'assaisonnement et réchauffer sans laisser bouillir.
- Dresser les morceaux de poulet sur un plat creux. Les napper de sauce et servir bien chaud avec du riz.

Blanquette de veau

Très apprécié par le commissaire Maigret, ce plat doit son nom à la couleur de sa sauce qui est blanche. La réussite d'une blanquette tient avant tout à la qualité de sa viande qui se doit d'être tendre.

Pour 4 personnes

- 1 épaule de veau de 800 g coupée en morceaux
- 100 g de carottes
- 100 g d'oignons
- 100 g de blanc de poireau
- 50 g de céleri
- 125 g d'oignons grelots
- 125 g de champignons de Paris
- 1 bouquet garni (thym, laurier, persil)
- 1 clou de girofle
- 2 l de fond blanc de veau
- 50 g de beurre
- 30 g de farine
- 20 cl de crème fraîche
- 1 jaune d'œuf
- 1/2 citron
- sucre
- sel, poivre

Préparation : 30 minutes
Cuisson : 1 h 30

- Mettre la viande dans une cocotte. La recouvrir de fond blanc froid et porter à ébullition. Écumer. Ajouter la garniture aromatique grossièrement taillée en bâtonnets (carotte, oignon, poireau, céleri), le bouquet garni, le clou de girofle. Saler et poivrer. Laisser cuire 1 h 30 à petit feu.
- Pendant ce temps, éplucher les oignons grelots. Les cuire 20 mn dans une casserole en les recouvrant d'eau à hauteur avec 20 g de beurre, 1 pincée de sucre. Saler et poivrer.
- Laver et émincer les champignons. Les faire cuire avec une noix de beurre, un peu d'eau bouillante et un filet de jus de citron. Saler. Poivrer.
- Quand la viande est cuite, filtrer le bouillon au chinois. Jeter la garniture aromatique.
- Préparer un roux avec 30 g de beurre et 30 g de farine. Laisser refroidir. Quand le roux est froid, le remettre sur feu doux et le délayer au fouet avec 1 l de bouillon. Laisser cuire 1/4 d'heure. Ajouter 15 cl de crème et donner un petit bouillon, sans augmenter le feu.
- Au moment de servir, délayer le jaune d'œuf dans 5 cl de crème et reverser le tout dans la sauce. Ajouter un trait de jus de citron, les oignons grelots et les champignons. Rectifier l'assaisonnement.
- Présenter la viande sur un plat de service. Napper de sauce et servir avec du riz sauvage.

Hutsepot

L'amiral huguenot Boisot s'était régalé d'un hutsepot sur l'une des places publiques de Leyde, après avoir chassé l'armée espagnole qui assiégeait la ville depuis longtemps. On imagine le plaisir qu'il eut à tirer, de sa grande fourchette, un morceau de plat de côte de bœuf, une oreille et une saucisse de porc, se disant que la victoire valait bien une ventrée. Se saisissant du mot flamand (hutsepott), les Français en ont fait le hochepot, gardant cette idée de "hocher le pot", c'est-à-dire de secouer la marmite en cours de cuisson pour que le tout cuise bien.

Pour 8 personnes

- 750 g de plat de côte de bœuf
- 350 g de grosse saucisse salée de porc
- 1/2 tête de porc avec son oreille
- 50 g de saindoux
- 4 carottes
- 4 navets
- 4 poireaux moyens
- 1 chou blanc pommé
- sel, poivre

Préparation : 20 minutes
Cuisson : 3 heures

- Dans une poêle, mettre le saindoux à fondre et à fumer ; y déposer alors le plat de côte pour le colorer de tous côtés, pendant 7 à 8 mn.
- Déposer la viande dans une marmite à pot-au-feu.
- Ajouter la demi-tête de porc, les carottes et les navets coupés en morceaux, ainsi que les poireaux liés d'un fil blanc.
- Couper le chou en quatre et le déposer également dans la marmite.
- Saler peu et poivrer.
- Verser 1,5 l d'eau et mettre à bouillir.
- Laisser bouillir doucement durant 2 h, à couvert.
- Ajouter alors la saucisse et un ou deux verres d'eau au besoin selon l'évaporation, mais le liquide ne recouvrira jamais l'ensemble.
- Laisser cuire encore 1 h.
- Sortir la viande et la présenter dans un grand plat.
- Servir les légumes dans des assiettes creuses avec une demi-louche de bouillon.
- Inviter les amis à se prendre un morceau de chacune des viandes, y compris de la tête de porc.
- Proposer du gros sel et de la moutarde.
- À déguster accompagné de bière brune.

Waterzooi

Les anciens livres de cuisine bourgeoise n'hésitent pas à comparer le waterzooi des Flamands à la bouillabaisse de Marseille ! Sauf que, dans cette histoire d'eau (t'water) ne cuisent pas les mêmes poissons. Dans les terres, on fera le bouillon avec l'anguille, la carpe, le brochet et le barbillon que l'on aura mouillés au vin rouge ou blanc ; sur la côte, on le préparera avec le poisson de mer qui n'aura pas été vendu à la criée ; dans la région de Lille, on le cuira avec de la poule (et de l'anguille, parfois). Le mot "zooi" désigne une quantité d'aliments cuits (et pas seulement du poisson) en une seule fois, suffisamment pour un repas, c'est-à-dire pour nourrir une grande famille.

Pour 6 personnes

- 1,2 kg de poisson
- 2 pieds de céleri
- 3 poireaux
- 1 oignon
- persil
- 0,5 l de vin blanc sec
- 1 jaune d'œuf
- 15 cl de crème fraîche
- croûtons grillés
- beurre
- sel, poivre

Préparation : 20 minutes
Cuisson : 30 minutes

- Faire revenir dans une marmite le céleri coupé en morceaux, le blanc des poireaux, l'oignon et le persil.
- Ajouter le poisson coupé en morceaux.
- Saler, poivrer.
- Ajouter le vin blanc et autant d'eau.
- Amener à petite ébullition.
- Couvrir et laisser mijoter.
- Quand c'est cuit, retirer le poisson et les légumes et les garder au chaud.
- Enlever le persil.
- Lier la sauce avec 1 jaune d'œuf et la crème.
- Servir le poisson sur des croûtons avec le bouillon.
- Ajouter les légumes et des pommes de terre vapeur.

Rognons au genièvre

La liqueur de genièvre est une spécialité flamande fabriquée à base d'eau-de-vie aromatisée avec des baies de genévrier. Mais quels rognons acheter pour apprécier cette recette? Les rognons de veau sont excellents, mais coûtent cher; ceux du porc n'ont pas la même valeur culinaire. À chacun de faire son choix, les goûts et les odeurs, ça ne se discute pas !

Préparation : 15 minutes
Cuisson : 35 minutes

Pour 4 personnes

- 500 g de rognons
- 50 g de saindoux
- 1 verre à liqueur de genièvre
- 1/2 verre de vin blanc ou de bière
- sel, poivre

- Fendre les rognons en deux.
- En nettoyer l'intérieur.
- Les faire revenir, à la poêle, dans du saindoux bien chaud en retournant une fois ou deux.
- Réduire le feu, saler, poivrer, couvrir.
- Laisser cuire entre 20 et 30 mn selon le type de rognons.
- Retirer ensuite les rognons et les émincer.
- Déglacer le jus de cuisson de la poêle en y versant le genièvre et en chauffant fortement.
- Ajouter ensuite le vin blanc ou la bière.
- Napper le plat de cette sauce.
- Servir avec une purée de pommes de terre.

Croque-monsieur, croque-madame

Si l'origine de son nom reste inconnue, ce plat, grand classique des cafés parisiens, existe depuis plus d'un siècle. Marcel Proust en fait d'ailleurs mention en 1919 dans "À l'ombre des jeunes filles en fleurs."

Préparation : 15 minutes
Cuisson : 10 minutes

Pour 4 personnes

- 8 tranches de pain de mie
- 30 g de farine
- 30 g de beurre tendre
- 25 cl de lait
- 4 tranches de jambon blanc
- 50 g de gruyère râpé
- 4 œufs
- 1 trait de noix de muscade
- sel, poivre

- Faire un roux blanc avec la farine et le beurre. Ajouter le lait et porter à ébullition en fouettant pour éviter les grumeaux. Saler, poivrer et ajouter la noix de muscade. Réserver cette sauce Béchamel.
- Beurrer une tranche de pain de mie. Y déposer une demi-tranche de jambon. Couvrir d'une fine couche de sauce. Fermer avec une tranche de pain de mie.
- Recouvrir le dessus du croque-monsieur avec un peu de sauce Béchamel et de gruyère râpé.
- Répéter cette opération quatre fois et passer les croque-monsieur 10 mn à four chaud à 200 °C ou sous le gril.
- Pour la variante croque-madame, déposer un œuf, cuit au plat, "à cheval" sur chaque croque-monsieur.
- Servir avec une salade verte.

Pot-au-feu

Voici un plat emblématique de la cuisine traditionnelle française !
Autour d'un pot-au-feu, voici qui fait toujours vaste débat :
met-on les viandes à cuire ensemble ? Les plonge-t-on dans de l'eau froide
ou déjà bouillante ? Pour concilier tout le monde, nous dirons
que LA recette n'existe pas mais qu'elle est fonction
des coutumes familiales !

Préparation : 30 minutes
Cuisson : 3 heures

Pour 6 personnes

- 700 g de plat de côtes
- 700 g de jarret de bœuf
- 600 g de joue de bœuf
- 3 os à moelle
- 6 carottes
- 6 pommes de terre
- 6 petits navets
- 4 poireaux
- 3 gousses d'ail
- 1 oignon
- 1 bouquet garni
- 3 clous de girofle
- moutarde forte, cornichons
- 1 pain de campagne
- gros sel, sel fin, poivre

- Rincer les viandes à l'eau froide.
- Laver et éplucher les légumes.
- À l'aide de ficelle alimentaire, former deux fagots de poireaux.
- Verser 5 l d'eau dans un grand faitout pouvant contenir l'ensemble des ingrédients. Porter à ébullition.
- Y ajouter le plat de côtes, du sel et du poivre. Laisser cuire 10 mn puis ajouter les carottes coupées en deux, le bouquet garni, l'ail et l'oignon piqué des clous de girofle.
- Après 10 mn, mettre les navets et les poireaux. Laisser cuire 50 mn en écumant au fur et à mesure.
- Ajouter la joue et le jarret et cuire encore 1 h 30 à feu doux. Nettoyer le bouillon régulièrement.
- Introduire les pommes de terre. Laisser mijoter doucement à couvert pendant 20 mn.
- Ajouter les os à moelle 10 mn avant la fin de la cuisson.
- Retirer la viande et les légumes du bouillon et les égoutter.
- Dresser dans un plat creux. Servir aussitôt.
- Proposer des cornichons, du gros sel, de la moutarde et de belles tranches de pain de campagne grillées.
- Filtrer et dégraisser le bouillon avant de le servir, en entrée ou en accompagnement du pot-au-feu.

Hachis parmentier

Un plat incontournable qui, préparé selon cette recette, permettra à certains d'effacer de mauvais souvenirs de cantine ! Il doit son nom à Antoine Augustin Parmentier, pharmacien, agronome, nutritionniste et hygiéniste français sous Louis XVI. Persuadé que la pomme de terre pouvait permettre de lutter contre la famine, il promut largement le développement de sa culture.

Préparation : 25 minutes
Cuisson : 35 minutes

- Hacher la viande avec le lard, 2 oignons, l'ail et le persil.
- Mettre cette farce dans un saladier et la malaxer avec un peu de bouillon pour donner du goût et éviter que ce mélange ne soit trop sec. Saler, poivrer.
- Cuire les pommes de terre à l'eau avec le dernier oignon pendant 20 mn. Les écraser au presse-purée avec du beurre, de façon à obtenir une purée un peu sèche. Saler, poivrer.
- Mettre une couche de purée au fond d'un plat allant au four.
  Recouvrir de farce, puis de nouveau de purée. Parsemer la surface de petits morceaux de beurre. Arroser d'huile d'olive.
- Mettre à four chaud (200 °C) environ 15 mn jusqu'à ce que le hachis soit bien doré.

Pour 4 personnes

- 500 de restes de pot-au-feu cuit (macreuse, paleron ou gîte)
- 100 g de lard salé
- 3 oignons
- 2 gousses d'ail
- 1 botte de persil frisé
- 1 kg de pommes de terre (bintje)
- bouillon de pot-au-feu
- beurre
- huile d'olive
- sel, poivre

Choux de Bruxelles (ou de Brabant)

On trouvait jadis ce chou à l'état sauvage sur les falaises et autres rochers des côtes de la Manche ; ce n'est guère que vers 1825 qu'il est cultivé dans les potagers de la région de Bruxelles et qu'il apparaît dans la cuisine bourgeoise. On égrène les trognons au jardin après les premières gelées blanches en ne gardant que les choux qui ont la taille d'une belle noix, mais votre marchand de légumes sera heureux de vous les choisir fermes et d'un beau vert. Ce légume accompagnera fort bien une grosse saucisse de porc.

Préparation : 20 minutes
Cuisson : 45 minutes + 5 minutes

Pour 6 personnes

- 1 kg de choux
- 50 g de beurre
- 1 gousse d'ail
- sel, poivre

- Enlever les feuilles jaunes ou fanées des choux.
- Laver les choux et les faire cuire dans de l'eau bouillante salée pendant 45 mn.
- Passer sous l'eau froide.
- Faire fondre le beurre dans une poêle, y ajouter l'ail écrasé.
- Réchauffer doucement les choux avec du poivre.

Feuilleté aux chicons

Il est des mots, comme ça, que l'on troque pour d'autres, sans raison apparente ou tout au moins sous prétexte qu'il faut évoluer vers le politiquement correct. Ainsi, les chicons renieraient l'identité de leur région si on les appelait endives !

Préparation : 20 minutes
Cuisson : 40 minutes + 30 minutes

Pour 6 personnes

- 6 beaux chicons
- 6 tranches de jambon (cuit ou cru)
- 1 citron
- 100 g de gruyère râpé
- pâte feuilletée (2 blocs de pâte à étaler)
- 1 œuf
- 50 g de beurre
- sel, poivre

- Nettoyer les chicons.
- Les mettre dans un faitout avec le beurre, du sel et du poivre.
- Mouiller avec un verre d'eau mélangé avec le jus du citron.
- Faire bouillir, puis prolonger la cuisson, à feu doux, 40 mn environ.
- Égoutter les chicons.
- Les envelopper dans une tranche de jambon.
- Parsemer de gruyère râpé.
- Entourer d'une pâte feuilletée et dorer au jaune d'œuf.
- Cuire au four à 180 °C pendant 30 mn.
- Servir chaud.

Tarte à la rhubarbe

La rhubarbe, c'est assez chinois! C'est le cas de le dire puisque la plante fut d'abord importée d'Extrême-Orient. Comment la préparer? On peut sécher ses racines moyennes puis les réduire en poudre pour préparer des infusions afin de faciliter la digestion. On peut aussi les débiter en morceaux masticatoires pour soigner le foie et la rate. Mais pour le plaisir du palais, il suffit de goûter à cette recette.

Préparation : 15 minutes + 15 minutes
Repos : 1 nuit
Cuisson : 40 minutes

Pour 8 personnes

- 800 g de tiges de rhubarbe
- 230 g de sucre en poudre
- 1 rouleau de pâte brisée
- 1 cuillère à soupe de farine
- 3 œufs
- 15 cl de crème fraîche
- 1 sachet de sucre vanillé

- La veille au soir, couper les bâtons de rhubarbe en tronçons de 1 à 2 cm.
- Les faire macérer dans une terrine avec 100 g de sucre toute la nuit, au frais.
- Le lendemain, préchauffer le four à 180 °C, dérouler la pâte et l'étaler dans un moule.
- Piquer cette pâte et éparpiller dessus ce mélange : 1 cuillère à soupe de farine avec 1 cuillère à soupe de sucre.
- Égoutter la rhubarbe et disposer les morceaux sur le fond de tarte.
- Mettre au four préchauffé, pendant 20 mn.
- Pendant ce temps, battre 2 jaunes d'œufs avec 1 œuf entier, la crème, le reste du sucre et le sucre vanillé.
- Verser cette préparation sur la tarte et remettre au four pour 15 à 20 mn, à 220 °C.
- Démouler la tarte sur une grille et servir tiède.

Fondant au chocolat

Tout le secret de ce gâteau réside dans sa teneur en beurre (intégristes du régime s'abstenir!) et sa cuisson qui doit être lente et modérée. On peut l'accompagner d'une crème anglaise, d'une boule de glace à la vanille ou de cerneaux de noix.

Préparation : 12 minutes
Cuisson : 25 minutes

Pour 4 personnes

- 300 g de chocolat "spécial dessert"
- 250 g de beurre
- lait
- 4 œufs
- 200 g de sucre

- Faire fondre le chocolat et le beurre dans un peu de lait.
- Battre les œufs avec le sucre. Ajouter le chocolat fondu.
- Bien mélanger.
- Verser l'appareil dans un plat beurré allant au four et mettre à cuire au four à 150 °C pendant 25 mn environ. Il faut que le fondant soit cuit dessus, cuit dessous et que "ça glougloute à l'intérieur", selon l'expression utilisée par le pâtissier qui nous a transmis cette recette.

Paris-brest

*La légende dit que ce gâteau a été inspiré par une célèbre course cycliste et qu'il évoque une roue de vélo.
C'est surtout une grande émotion pâtissière pour le plus grand bonheur de vos papilles!*

Préparation : 25 minutes + 40 minutes
Cuisson : 10 minutes
Repos : 24 heures + 2 heures

Pour 4 personnes

- 150 g de farine
- 60 g de sucre
- 4 œufs + 2 jaunes
- 60 g de sucre
- 25 cl de lait
- 190 g de praliné
- 205 g de beurre
- 1 cuillère à soupe de crème anglaise non vanillée
- sucre glace
- 50 g d'amandes effilées
- 1 pincée de sel

• La veille, préparer la crème pralinée : mélanger 25 g de farine, 50 g de sucre et les 2 jaunes d'œufs. Délayer avec le lait bouillant et faire épaissir sur feu doux. Ajouter le praliné et continuer de cuire encore 5 mn en remuant. Laisser reposer 24 h.

• Le lendemain, incorporer 125 g de beurre en pommade et la crème anglaise dans la crème pralinée. Laisser reposer 2 h au frais.

• Pendant ce temps, préparer la pâte à choux en mettant 25 cl d'eau, 10 g de sucre, 80 g de beurre et 1 pincée de sel dans une sauteuse. Porter à ébullition. Ajouter 125 g de farine d'un coup et dessécher la pâte en remuant rapidement avec une spatule jusqu'à ce que la pâte se détache du fond de la casserole. Laisser tiédir 5 mn.
Ajouter les œufs un à un en les travaillant séparément jusqu'à ce que la pâte les absorbe. Laisser retroidir avant de verser la pâte à choux dans une poche à douille et de faire des cercles de 10 cm de diamètre.

• Faire cuire les cercles de pâte à choux dans un four à 200 °C jusqu'à coloration. Les laisser refroidir avant de les ouvrir et de les garnir de crème pralinée à l'aide de la poche à douille.

• Saupoudrer de sucre glace et d'amandes effilées avant de servir.

Rabote

Ce dessert existe depuis longtemps en Flandre. Qu'on n'en soit pas étonné puisqu'il tire son nom d'un jeu très pratiqué dans cette contrée, la paume, dont le souvenir est gardé par des noms de rues, de places ou d'estaminets.
La balle du jeu de paume, qui prend des noms divers dans d'autres régions, s'appelait ici une rabote, et c'est sans doute la ressemblance qui a donné son nom à la pâtisserie que voici.

Pour 4 personnes

- 4 pommes reinettes
- pâte feuilletée (3 rouleaux)
- 8 morceaux de sucre blanc
- 2 œufs
- 100 g de sucre en poudre
- 100 g de beurre
- 1 cuillère à soupe de rhum
- 1 orange

Préparation : 25 minutes
Cuisson : 20 minutes

- Découper 4 cercles de pâte feuilletée d'environ 20 cm de diamètre (utiliser un moule au gabarit).
- Éplucher et évider les pommes.
- Placer une pomme sur chaque cercle de pâte.
- Remplir le creux avec 2 morceaux de sucre.
- Replier la pâte sur la pomme pour bien l'enfermer.
- Badigeonner la totalité de la pâte avec les 2 jaunes d'œufs mélangés à 1 cuillère à soupe d'eau.
- Faire un petit trou (cheminée) sur le dessus de chaque rabote.
- Cuire à four moyen (entre 150 et 180 °C) pendant 20 mn environ.
- Pendant ce temps, préparer la sauce au rhum : mettre dans une casserole le sucre en poudre, et le beurre. Faire chauffer doucement, en mélangeant et laisser blondir.
- Ajouter le jus de l'orange et le rhum.
- Napper les rabotes de cette sauce et servir chaud.

Bretagne
Normandie
Pays de Loire
Poitou-Charentes

Soupe des Jaquins aux moules

À Saint-Jacut-de-la-Mer, dans les Côtes d'Armor, si la pêche aux moules est fructueuse, la Bretonne contente son Breton d'une soupe dont nous livrons ici les secrets. Très classique mais toujours appréciée.

Préparation : 30 minutes
Cuisson : 50 minutes

Pour 6 personnes

- 1/2 l de moules
- 1 poireau
- 3 pommes de terre
- 2 oignons, 1 échalote
- 2 feuilles de laitue
- 2 poignées d'oseille
- persil, poivre
- 50 g de beurre
- 10 cl de crème
- 18 tranches de baguette grillées

- Bien nettoyer et laver les moules.
- Les mettre dans une marmite.
- Chauffer jusqu'à ce qu'elles soient toutes ouvertes et les décoquiller.
- Garder au chaud dans un peu de liquide de cuisson.
- Laver et émincer le blanc de poireau.
- Éplucher oignons et échalote, les hacher avec la laitue, l'oseille et le persil.
- Ajouter 1/2 l d'eau chaude dans le reste d'eau de cuisson des moules.
- Mettre tous les légumes, couvrir et mettre à cuire à feu doux.
- Au bout de 30 mn, ajouter les pommes de terre épluchées, lavées et coupées en dés et laisser cuire encore 15 mn.
- Passer cette soupe au mixer.
- Poivrer, ajouter le beurre.
- Au moment de servir, ajouter la crème et bien mélanger.
- Égoutter les moules, les mettre dans la soupe.
- Mélanger et verser dans une grande soupière.
- Le pain grillé sera proposé à part sur une assiette chaude.

Andouille de Vire boulangère

Célèbre par-delà sa région d'origine, l'andouille de Vire doit sa réputation à un savoir-faire ancestral remontant au XVIIIe siècle. Composée de ventrée de porc mise en saumure, elle a un goût très particulier, dû en grande partie au fumage au bois de hêtre en cheminée, durant de longues semaines. Sa couleur noire en est le résultat.

Préparation : 20 minutes
Cuisson : 40 minutes

Pour 4 personnes

- 1 andouille de 400 g
- 4 pommes de terre
- 2 pommes (boskoop)
- 1 oignon
- 3 échalotes
- 4 gousses d'ail
- 1 bouquet garni
- 50 g de beurre
- 40 cl de bouillon de volaille
- sel, poivre

- Éplucher les pommes de terre et les pommes fruits, les émincer.
- Peler l'oignon et les échalotes, puis les couper en lamelles.
- Faire fondre le beurre dans une cocotte, ajouter les ingrédients préparés.
- Faire revenir sans colorer avec l'ail épluché et le bouquet garni pendant 5 mn.
- Mouiller avec le bouillon de volaille, saler et poivrer.
- Amener à ébullition et ajouter l'andouille entière.
- Cuire 35 mn à couvert, à feu très doux.
- Pour servir, découper l'andouille en grosses rondelles. Les disposer sur un plat chaud autour de la garniture dont on aura retiré le bouquet garni.

Farci poitevin

Chaque famille du Poitou réalise le farci qui lui convient, remplace les épinards par des poireaux, privilégie largement le chou ou les blettes, intègre ou non du lard... Voici un farci bien vert, à agrémenter selon vos goûts, à adapter selon la saison !

Pour 6 personnes

- 500 g de feuilles de chou
- 200 g de feuilles de blettes
- 200 g de feuilles d'épinards
- 150 g de feuilles d'oseille
- 2 oignons nouveaux
- 1 bouquet de ciboulette
- 1 bouquet de persil
- 200 g de fromage frais de chèvre
- 100 g de farine
- 10 cl de crème fraîche
- 4 œufs
- 25 g de beurre
- sel, poivre blanc

Préparation : 30 minutes
Cuisson : 30 minutes

- Trier et laver chaque feuille des légumes choisis. Bien les sécher.
- Les empiler, tel un mille-feuille en alternant une feuille de blette, une feuille d'épinard, une feuille d'oseille, une feuille de chou, etc.
- Découper cet assemblage aux ciseaux, en lanières d'environ 2 cm de large. Recouper dans l'autre sens pour former des carrés.
- Ciseler la ciboulette et le persil et hacher les oignons.
- Dans un grand saladier, mélanger la farine, la crème, les œufs un à un et le fromage. Ajouter les oignons et les fines herbes.
- Saler et poivrer généreusement. Mélanger et incorporer les feuilles coupées. Travailler la préparation avec les mains.
- Mettre le four à préchauffer à 220 °C. Beurrer et fariner un moule à terrine ou un plat à gratin, y placer la farce.
- Enfourner au bain-marie et cuire pendant 30 mn à 200 °C.
- À mi-cuisson, couvrir d'une feuille de papier d'aluminium.
- Déguster chaud ou froid, avec une salade de tomates ou en accompagnement d'une viande.

Omelette de la baie "à la Poularde"

La baie du Mont-Saint-Michel est un "nid à omelettes" ! On les prépare de multiples façons, avec différentes garnitures, mais il en est une qui garde jalousement son secret. Nous vous proposons néanmoins celle-ci, qui est une heureuse variante.

Préparation : 10 minutes
Cuisson : 3 minutes

Pour 4 personnes

- 8 œufs frais
- 30 g de beurre fin
- 3 cuillères à soupe de crème
- persil, cerfeuil, estragon
- sel, poivre

- Casser les œufs en séparant les blancs des jaunes.
- Battre les jaunes d'œufs à la fourchette avec du sel et du poivre.
- Dans une autre jatte, battre les blancs comme pour une omelette (surtout pas en neige).
- Dans une grande poêle, faire chauffer le beurre. Verser les jaunes.
- Battre légèrement la crème dans un bol, verser sur les jaunes à peine pris.
- Recouvrir aussitôt des blancs battus.
- Cuire à feu vif 3 mn.
- Replier l'omelette et la glisser sur un plat chaud.
- Arroser d'un peu de beurre fondu et parsemer les herbes finement hachées.

Huîtres gratinées

Même si les amateurs estiment qu'une huître ne se déguste que crue, les huîtres chaudes sont à la mode depuis quelques années déjà et tout autant appréciées. Voici une recette très simple et délicieuse.

Préparation : 10 minutes
Cuisson : 5 minutes

Pour 1 portion

- 12 huîtres creuses
- 75 g de beurre
- 50 g de chapelure
- 1/2 citron
- 1 cuillère à soupe de persil haché
- poivre

- Ouvrir les huîtres au dernier moment.
- Les enlever délicatement de leur coquille avec une petite fourchette.
- Conserver leur eau et la filtrer.
- Verser cette eau avec les mollusques dans une casserole.
- Amener à ébullition et égoutter aussitôt.
- Placer 2 huîtres pochées par coquille (côté creux).
- Dans une sauteuse, faire fondre le beurre, ajouter la chapelure, colorer légèrement.
- Mouiller de 3 cuillères à soupe de jus de cuisson des huîtres.
- Ajouter le persil haché, un filet de jus de citron, poivrer.
- Verser la préparation sur les huîtres placées au préalable dans un plat à four.
- Faire gratiner 5 mn à 180 °C.
- Servir très chaud, avec un muscadet ou autre bon vin blanc.

Thon de Concarneau

*Dans la région de Concarneau, on trouve de très nombreuses recettes de thon.
Et pour cause, une grande partie de l'activité de la ville est liée à la pêche et notamment à celle de ce gros poisson, faisant de Concarneau le premier port thonier d'Europe. Le voici en plat complet, garni de cinq légumes, pas moins!*

- Barder le thon et le ficeler comme un rôti de viande.
- Éplucher les oignons, les faire revenir dans une cocotte avec 50 g de beurre.
- Laisser dorer et déposer le thon dans le récipient.
- Dorer le poisson sur les deux faces.
- Verser le bouillon chaud et le vin blanc.
- Mettre le bouquet garni, saler et poivrer.
- Faire mijoter doucement à couvert pendant 45 mn.
- Pendant cette cuisson, peler et tailler en fines rondelles navets et carottes.
- Couper la laitue en deux, la laver, bien la sécher.
- Dans une casserole, faire chauffer le beurre restant et laisser fondre doucement la laitue.
- Ajouter carottes, navets, 1 cuillère à soupe d'eau et faire mijoter à couvert 20 mn environ.
- Ajouter alors les petits pois écossés avec 1/2 verre d'eau chaude.
- Saler, poivrer, couvrir à nouveau et cuire doucement 30 mn encore.
- Quand le thon est cuit, retirer la barde, poser sur un grand plat.
- Entourer des oignons et légumes cuits.
- Ôter le bouquet garni et napper le contenu du plat avec le jus de cuisson.

Préparation : 30 minutes
Cuisson : 50 minutes

Pour 4 personnes

- 1 darne de thon de 800 g
- 1 barde de lard
- 25 cl de bouillon de légumes
- 25 cl de vin blanc
- 1 bouquet garni
- 1 kg de petits pois
- 3 navets, 3 carottes
- 12 petits oignons blancs
- 1 belle laitue
- 100 g de beurre demi-sel
- sel, poivre

Coquilles Saint-Jacques aux poireaux

La Bretagne ne manque pas d'imagination pour cuisiner la Saint-Jacques : en salade, à la nage, voire en brochette... Mais voici une recette où elle abandonne un temps sa coquille pour mieux s'en revêtir, le vert et le blanc du poireau contrastant joliment avec son pourpoint orange.

Pour 4 personnes

- 12 noix de Saint-Jacques avec coquilles
- 3 ou 4 blancs de poireaux (selon grosseur)
- 150 g de crème fraîche
- 50 g de beurre
- sel, poivre

Préparation : 15 minutes
Cuisson : 20 minutes

- Ouvrir les coquilles Saint-Jacques en introduisant la lame d'un couteau contre le côté plat.
- Bien laver à l'eau courante (tout le sable doit être éliminé).
- Détacher les noix.
- Enlever la partie noire ainsi que la partie blanche et dure.
- Réserver.
- Laver les blancs de poireaux, les découper en fines lanières.
- Verser la crème dans une sauteuse, saler et poivrer.
- Cuire les blancs de poireaux dans la crème 15 mn en remuant sans arrêt.
- Dans une autre sauteuse, faire fondre le beurre, verser les noix de Saint-Jacques avec le corail et cuire 4 à 5 mn.
- Bien répartir la fondue de poireaux dans les coquilles, recouvrir avec les noix.
- Servir sans attendre.

Chaudrée de Dieppe

Chaque région de bord de mer propose sa soupe de poisson : bouillabaisse marseillaise, cotriade bretonne, matelote de Honfleur. Voici la chaudrée dieppoise telle qu'on la cuisine dans les auberges du port.

Préparation : 30 minutes
Cuisson : 1 heure

- Faire cuire les moules bien lavées à la marinière.
- Les décoquiller et conserver le jus.
- Verser le vin blanc dans une grande marmite pour faire un fumet avec le jus des moules.
- Couper les têtes de poissons en deux, bien les laver, les mettre dans le liquide bouillant.
- Ajouter les légumes lavés et émincés, le bouquet garni, sel et poivre.
- Couvrir et cuire à feu moyen 35 mn.
- Couper les poissons en morceaux réguliers et les placer dans un sautoir.
- Saler et poivrer.
- Passer le fumet au chinois, verser sur les poissons. Réserver les légumes.
- Ajouter le beurre et la crème, bien mélanger.
- Laisser cuire à feu doux 10 mn.
- Ajouter les moules et cuire encore 5 à 6 mn.
- Dans un grand plat chaud, dresser les morceaux de poissons et les légumes, le tout entourés de croûtons frits.
- Servir à part le jus brûlant.

Pour 6 personnes

- 1/2 litre de moules
- 1,5 kg de poissons (congre, grondin, saint-pierre, vive…)
- 1 branche de céleri
- 3 poireaux
- 4 oignons
- 1 bouquet garni
- 50 g de beurre
- 50 cl de crème fraîche
- 50 cl de vin blanc sec
- petits croûtons frits
- Sel, poivre

Mouclade

Préparation : 45 minutes
Cuisson : 20 minutes

Pour 6 personnes

- 6 l de moules de bouchot
- 40 cl de vin blanc sec
- 4 échalotes
- 1 joli brin de persil plat
- 40 cl de crème liquide
- 1 cuillère de farine
- 1/2 citron
- 2 gouttes de cognac
- 8 à 10 pistils de safran
- sel, poivre

Spécialité charentaise, ce plat se fait obligatoirement avec des moules de bouchot. À ne pas confondre avec l'éclade qui se prépare aussi dans la région et qui consiste à faire ouvrir les moules sur des aiguilles de pin enflammées.

- Gratter les moules et les rincer sans les laisser tremper.
- Dans un grand faitout, mettre les échalotes hachées, le vin blanc, le persil coupé grossièrement, un peu de sel, du poivre et la crème.
- Laisser cuire doucement 5 mn puis ajouter les moules. Remuer fréquemment et, lorsqu'elles sont ouvertes, les retirer du feu à l'aide d'une écumoire.
- Garder la sauce de cuisson. Ôter une des coquilles pour ne conserver que les pleines et caler celles-ci les unes contre les autres dans un grand plat à gratin.
- Passer la sauce au chinois.
- Dans une casserole, y ajouter la cuillère de farine, le jus de citron, le cognac et le safran.
- Faire réduire aux deux tiers sans bouillir, jusqu'à obtention d'une crème.
- La verser sur les moules et passer le plat 5 mn sous le gril.
- Servir très chaud avec des frites ou du riz.

Ragoût de pré-salé

Les célèbres prés-salés sont soit des terres maritimes gagnées sur la mer grâce aux polders, soit des terres couvertes de forêts, aujourd'hui défrichées, d'où émergeaient le Mont Saint-Michel et le mont Dol.
L'herbe possède donc un goût particulier mais nous nous contenterons de l'apprécier à travers l'agneau qui la broute!

Préparation : 35 minutes
Cuisson totale : 1 h 20

Pour 6 personnes

- 1 épaule d'agneau de pré-salé désossée de 1 kg
- 400 g de petites carottes
- 400 g de pommes de terre
- 250 g de petits navets
- 400 g de petits pois frais écossés
- 2 oignons
- 100 g de beurre demi-sel
- 2 cuillères à soupe de farine
- bouquet garni
- sel, poivre

- Couper l'épaule en cubes d'environ 5 cm de côté.
- Faire chauffer le beurre dans une cocotte, faire dorer les morceaux de viande avec les oignons épluchés et émincés.
- Saupoudrer de farine, bien mélanger et laisser prendre couleur pendant 2 mn.
- Verser de l'eau chaude à hauteur, saler, poivrer, ajouter le bouquet garni.
- Dès ébullition, couvrir et baisser le feu. Laisser mijoter.
- Laver et essuyer carottes, pommes de terre et navets épluchés.
- Après 30 mn de cuisson, ajouter tous les légumes et laisser mijoter le tout 25 à 30 mn.
- Rectifier l'assaisonnement et servir très chauds, viande et légumes mélangés et nappés de jus de cuisson (si celui-ci est trop clair, le faire réduire avant de le verser dans le plat).

Tripes à la mode de Caen

Si vous ne faites pas partie de la confrérie du Grand Ordre de la Tripière d'Or, sachez que les ingrédients de base de cette recette typique de la cuisine normande sont les quatre estomacs du bœuf et qu'elle aurait été créée au XVIe siècle par Sidoine Benoît, cuisinier à l'abbaye aux Hommes de Caen. Ne vous fiez pas aux apparences, c'est un plat raffiné aux multiples saveurs qui en surprendra plus d'un !

Pour 4 personnes

- 1 kg de tripes lavées et blanchies
- 4 couennes de lard
- 1 pied de bœuf et 1 pied de veau désossés (demandez au tripier de vous garder les os)
- 4 oignons
- 3 carottes
- 1 bouquet garni
- 2 gousses d'ail
- 4 clous de girofle
- 1 bouteille de cidre brut
- 3 cl de calvados
- sel, poivre

Préparation : 50 minutes
Cuisson : 7 à 8 heures

- Dans le fond d'une grande marmite en terre à couvercle, déposer les couennes de lard en lanières, les os des pieds, les carottes et oignons épluchés et coupés en rondelles, le bouquet garni, l'ail épluché et les clous de girofle.
- Saler et poivrer.
- Recouvrir avec les morceaux de tripes et de pieds.
- Verser le cidre qui doit recouvrir les ingrédients, puis le calvados.
- Couvrir et souder le couvercle de la terrine avec de la farine délayée dans un peu d'eau.
- Mettre à four moyen (150 à 180 °C) pendant 1 h, puis baisser la température à 120 °C et laisser cuire au moins 6 h encore.
- Servir les tripes brûlantes avec des pommes de terre vapeur et du cidre.

Poulet vallée d'Auge

"Heureux comme Dieu en pays d'Auge", pourrait-on dire en paraphrasant une autre locution. Car Dieu est gourmand et la cuisine normande particulièrement riche tant au niveau des saveurs que de la variété ! Que cette région soit ici louée, que nous goûtions encore longtemps la quiétude de ses paysages et ses spécialités, dont ce plat délicieux.

Pour 6 personnes

- 1 poulet de 1,5 kg
- 12 petits oignons
- 12 pommes reinettes
- 2 cl de calvados
- 20 cl de bouillon de volaille
- 2 verres de cidre brut
- 25 cl de crème fraîche
- 50 g de beurre
- persil
- sel, poivre

Préparation : 30 minutes
Cuisson : 45 minutes

- Faire fondre 25 g de beurre dans une cocotte et faire dorer le poulet avec les oignons épluchés.
- Mettre au four à découvert (180 °C) pendant 20 mn.
- Vider les pommes sans les éplucher.
- Les disposer autour du poulet et remettre au four 15 mn.
- Enlever les pommes à l'écumoire et les garder au chaud.
- Sortir la cocotte du four.
- Arroser le poulet de calvados et faire flamber.
- Ajouter le bouillon de volaille et le cidre.
- Faire mijoter 10 mn à feu doux.
- Sortir le poulet et le réserver au chaud.
- Faire réduire de moitié le jus de la cocotte à petits bouillons.
- Ajouter la crème, cuire très doucement 3 mn environ.
- Ajouter le restant de beurre, bien mélanger, saler et poivrer.
- Découper le poulet. Dresser sur un plat très chaud, napper de sauce.
- Disposer les pommes autour de la volaille et parsemer d'un peu de persil finement haché.

Sauté de veau moelleux au cidre

À lui seul, le titre de cette recette traditionnelle donne l'eau à la bouche.
À la saison des pommes, on peut ajouter quelques quartiers de fruits dorés avec la viande. Un vrai bonheur !

Préparation : 30 minutes
Cuisson : environ 1 heure

Pour 4 personnes

- 800 g d'épaule de veau
- 2 cuillères à soupe d'huile
- 1 oignon
- 2 échalotes
- 1 bouquet garni
- 1/4 de l de cidre sec + 30 cl
- 40 g de beurre
- 40 g de farine
- 200 g de crème fraîche
- 1 citron
- sel, poivre

- Découper la viande en gros cubes.
- Verser l'huile dans une cocotte et bien faire dorer.
- Ajouter oignon et échalotes épluchés et émincés et le bouquet garni.
- Saler et poivrer.
- Mouiller avec 30 cl de cidre, couvrir et cuire à feu moyen 50 mn.
- Retirer la viande, passer la sauce au chinois, puis remettre les morceaux d'épaule dans la cocotte avec la sauce.
- Dans une casserole, faire un roux blanc avec le beurre et la farine.
- Mouiller avec 1/4 de l de cidre, bien délayer.
- Saler et poivrer.
- Donner quelques bouillons.
- Ajouter la crème, bien mélanger.
- Verser sur la viande dans la cocotte.
- Ajouter le jus de citron en battant au fouet à main.
- Donner un ou deux bouillons.
- Dresser dans un plat creux bien chaud.
- Accompagner de pommes de terre nouvelles rissolées.

Lapin à la saintongeaise

Le lapin fait partie des élevages de tradition en Poitou-Charentes. Pour cette recette, il est associé au cognac et au pineau, produits également dans la région. La Saintonge, quant à elle, est une ancienne province à cheval sur cinq départements : la Charente-Maritime, la Charente, la Gironde, les Deux-Sèvres et la Vendée. On y parle encore le "saintongeais", langue attestée depuis huit siècles et devenue officiellement langue régionale de France en 2007 !

Préparation : 20 minutes
Cuisson : 1 h 30

Pour 4 personnes

- 1 lapin de 1,5 kg
- 30 g de beurre
- 4 échalotes
- 3 gousses d'ail
- 2 cuillères à soupe de cognac
- 25 cl de pineau rosé
- 3 tomates
- thym, laurier
- sel, poivre

- Couper le lapin. Réserver le foie pour la fin de cuisson. Saler et poivrer les morceaux.
- Les faire dorer en cocotte dans le beurre, sur toutes les faces. Les retirer.
- Éplucher et émincer les échalotes et les gousses d'ail. Les faire blondir dans la même cocotte.
- Remettre les morceaux de lapin, arroser de cognac et flamber.
- Mouiller ensuite avec le pineau.
- Ajouter les tomates coupées en quartiers, le thym, le laurier, saler, poivrer et porter à ébullition un court instant.
- Continuer la cuisson à feu doux pendant 1 h 30.
- Ajouter le foie 5 mn avant la fin.
- Disposer les morceaux de lapin sur un plat chaud. Napper de sauce préalablement passée au chinois.
- Servir avec des pâtes fraîches.

Cul de veau à l'angevine

Dans la région d'Angers, il se dit et se raconte que quelques cuisinières, n'osant utiliser le mot "cul", demandaient à leur boucher "une indécence de veau" car c'est bien de cette partie de l'anatomie de la bête dont il s'agit dans cette recette! Le mot "quasi" apparut, qui mit fin à cette galéjade.

Préparation : 30 minutes
Cuisson : 2 h 30

Pour 6 personnes

- 1,5 kg de quasi de veau
- 300 g de couennes de porc fraîches
- 3 oignons
- 3 belles carottes
- 30 cl d'anjou blanc sec
- 2 cuillères à soupe de marc de raisin
- 1 bouquet garni
- 50 cl de bouillon de bœuf
- 30 cl de crème fraîche
- sel, poivre

- Commencer par préchauffer le four à 200 °C.
- Émincer les oignons, laver et éplucher les carottes puis les couper en rondelles assez fines.
- Garnir le fond d'un plat allant au four avec les couennes. Ajouter dessus et dans cet ordre : les carottes, les oignons, puis le veau.
- Mettre au four 20 mn en retournant la viande à mi-cuisson.
- Sortir le plat, mouiller la préparation avec le vin et le marc, ajouter le bouquet garni et du bouillon à hauteur. Saler si besoin, poivrer.
- Couvrir et cuire à nouveau au four à 170 °C pendant 2 h.
- Retirer et poser la viande dans la lèchefrite. Laisser reposer 15 mn dans le four, porte entrouverte.
- Pendant ce temps, récupérer le bouillon de cuisson pour faire la sauce. Retirer les couennes et le bouquet garni. À l'aide d'une passoire fine, passer le liquide dans une casserole.
- Remettre sur le feu, ajouter la crème fraîche et mélanger. Laisser réduire doucement, jusqu'à obtenir environ 40 cl de sauce.
- Présenter la viande en tranches fines, nappées de sauce, sur un plat préalablement chauffé.

Galettes de blé noir

Malgré son nom, le blé noir, ou sarrasin, n'est pas une variété de blé mais une plante à fleur de la famille des polygonacées, au même titre que l'oseille ou la rhubarbe. Originaire d'Asie du Nord-Est, il apparaît en Europe au XIVe siècle dans les régions à sols pauvres et acides comme la Bretagne. En France, sa culture connaît aujourd'hui un regain d'intérêt.

Préparation : 10 minutes
Repos : 24 heures

Pour environ 12 galettes

- 250 g de farine de blé noir
- 1 gros œuf entier
- 5 g de sel fin
- 20 g de beurre

- Mettre la farine dans un saladier.
- Creuser un puits, verser l'œuf et le sel.
- Bien mélanger à la cuillère en bois en commençant par le centre.
- Diluer en versant peu à peu 1/2 l d'eau. La pâte doit être fluide.
- Laisser reposer 24 h.
- Au moment de cuire les galettes, ajouter le beurre fondu, bien mélanger.
- La poêle utilisée sera légèrement graissée d'huile ou d'une noix de beurre.
- Verser un peu de pâte dans une poêle bien chaude que l'on fera tourner.
- Lorsqu'elle commence à dorer, retourner la galette et ajouter la garniture de son choix. Traditionnellement, celle-ci est faite de jambon coupé en petits morceaux, de gruyère râpé et d'un œuf cassé au centre.
- Rabattre les 4 coins de la galette et la servir accompagnée d'une salade verte.

Mojhettes

Cette légumineuse a été rapportée d'Amérique du Sud au XVIe siècle par les navigateurs. Son nom peut être orthographié de différentes manières (mogette, mojette, mojhette) selon qu'on se trouve en Vendée ou en Poitou-Charentes. En Saintonge, on l'écrit "mojhette". C'est la spécialité de Pont-l'Abbé-d'Arnoult où une confrérie lui est dédiée.

Trempage : 8 heures
(si les haricots utilisés sont secs)
Préparation : 15 minutes
Cuisson : 40 minutes

Pour 4 personnes

- 500 g de mojhettes (haricots blancs)
- 1 carotte
- 3 oignons
- 2 gousses d'ail
- 1 petite branche de céleri
- 1 bouquet garni
- 1 cuillère à soupe de graisse d'oie
- sel, poivre

- Écosser les haricots ou les faire tremper 8 h s'ils sont secs.
- Couper les oignons, éplucher et débiter la carotte en rondelles.
- Dans une cocotte, faire chauffer la graisse d'oie.
- Ajouter les oignons, la carotte et les gousses d'ail épluchées. Couvrir et cuire 5 mn en remuant.
- Incorporer les haricots et mélanger.
- Couvrir d'eau froide à hauteur, ajouter le bouquet garni et le céleri débité en petits morceaux.
- Mettre un couvercle et laisser cuire 10 mn à feu doux.
- Assaisonner et cuire encore 25 mn à découvert. Rajouter un peu d'eau chaude si nécessaire.
- Lorsque les haricots sont fondants, retirer le bouquet garni et l'ail. Mélanger délicatement.
- Servir avec une épaisse tranche de jambon de Vendée passée au beurre et poêlée de chaque côté.

Navets farcis

Du bon pays de cocagne qu'est Créances proviendront les gros navets ronds.
Dans le Bessin, on achètera la chair à saucisse. Herbes du jardin, épices de cuisine et cidre de pays concluront la liste des commissions. Le tout pour un bon plat de famille...

Pour 4 personnes

- 4 gros navets ronds
- 250 g de chair à saucisse
- 60 g de beurre
- 1 œuf
- 1 échalote, fines herbes
- thym, laurier, quatre-épices
- 4 cuillères à soupe de jus de veau
- 10 cl de cidre sec
- sel, poivre

Préparation : 15 minutes
Cuisson : 15 minutes

- Éplucher les navets. Les laver et les évider.
- Hacher finement les herbes avec la chair à saucisse.
- Ajouter l'œuf battu à la fourchette et une pincée de quatre-épices.
- Saler et poivrer.
- Bien mélanger et remplir les navets de cette farce.
- Bien tasser et mettre dessus une noix de beurre.
- Beurrer largement un plat à four.
- Déposer les navets côte à côte.
- Mouiller avec le cidre et le jus de veau.
- Cuire à four chaud (240 °C) pendant 15 mn.

Carottes d'Erdeven au cidre

Curieusement, le cidre, obtenu à partir de la fermentation du jus de pommes, trouve son origine en Biscaye.
Ce sont les marins basques qui firent découvrir cette boisson aux marins normands qui en parlèrent, à leur tour, aux Bretons...
Il entre dans la préparation de nombreux plats et se marie particulièrement bien avec la carotte.

Préparation : 10 minutes
Cuisson : 30 minutes

Pour 4 personnes

- 800 g de carottes nouvelles
- 4 beaux oignons
- 50 g de beurre
- 20 cl de crème fraîche
- 30 cl de cidre brut
- sel, poivre

- Éplucher et laver les carottes.
- Les sécher rapidement et les couper en fines rondelles.
- Éplucher, émincer les oignons.
- Dans une sauteuse, les faire revenir dans le beurre chaud.
- Ajouter les rondelles de carottes, mélanger et faire dorer légèrement.
- Saler, poivrer, mouiller avec le cidre.
- Couvrir et faire mijoter à feu doux 30 mn environ (les carottes doivent être tendres).
- Après 20 mn de cuisson, on aura ajouté la crème fraîche et baissé le feu au maximum.
- Servir très chaud avec un poisson grillé, une volaille ou une viande rôtie.

Gâteau breton

Très riche en beurre, ce gâteau rond est incontournable.
Il accompagne avec bonheur une salade de fraises ou autres fruits, une compote ou une crème anglaise.
Excellent au petit déjeuner, il est souvent source de conflits dans une fratrie.
C'est à qui s'attribuera les dernières miettes!

Préparation: 20 minutes
Cuisson: 40 à 45 minutes

Pour 6 à 8 personnes

- 300 g de farine de froment
- 200 g de sucre semoule
- 5 jaunes d'œufs
- 250 g de beurre doux (ou demi-sel)
- 1 pincée de levure
- 5 cuillères à soupe de lait
- facultatif: 1 cuillère à soupe de calvados

- Beurrer un moule à génoise rond de 22 cm de diamètre.
- Dans un grand saladier, verser le sucre semoule et les jaunes d'œufs.
- Travailler au fouet à main, le mélange doit "faire le ruban".
- Dans une petite terrine, travailler le beurre en pommade à la cuillère en bois.
- L'incorporer au mélange sucre-jaunes d'œufs.
- Éventuellement, ajouter le calvados.
- Enfin, verser petit à petit la farine sans cesser de bien mélanger.
- Au dernier moment, ajouter la levure, mélanger encore.
- Verser la pâte dans le moule, bien lisser le dessus à la spatule.
- Le badigeonner de lait sucré.
- Tracer des lignes diagonales en croisillon avec une fourchette.
- Cuire à four moyen (150 à 180 °C) 40 mn environ (vérifier la cuisson avec la lame d'un couteau qui doit ressortir sèche).
- Dès la sortie du four, démouler sur une grille et laisser refroidir.

Tarte normande

"Année brumeuse, année pommeuse", affirme le dicton normand. On peut penser que nombreuses sont donc les années à pommes, et l'on s'en réjouit ! Voici une recette qui en utilisera huit belles, avec une petite lampée de bénédictine, l'alcool relevant le goût du fruit.

Préparation : 15 minutes - Repos 30 minutes
Cuisson : 40 minutes

Pour 6 personnes

- 8 pommes
- 200 g de pâte brisée sucrée
- 100 g de sucre semoule
- 1 cl de bénédictine (ou de calvados)
- 1 bol de crème fraîche épaisse

- Éplucher les pommes, les couper en lamelles épaisses.
- Les disposer dans un plat creux et arroser de bénédictine.
- Laisser macérer 30 mn.
- Étendre la pâte au rouleau, placer sur une plaque à tarte et piquer le fond à la fourchette.
- Disposer régulièrement les tranches de pommes, parsemer de sucre en poudre et cuire au four à 210 °C pendant 40 mn.
- Cette tarte se déguste chaude, nappée de crème. On l'accompagne également d'une ou deux boules de glace à la vanille.

Teurgoule

Entendu au marché : "Votre teurgoule, elle est faite ici ? - Pour sûr qu'elle l'est, et depuis longtemps ! C'est le baron de Fontette, il y a plus de deux cents ans, qui a inventé c'te recette de riz au lait. À cause de la pluie, c'était la famine. Alors il a fait venir du riz d'Asie chez nous. Et comme on manque pas de lait par ici, il a trouvé ça. Depuis, on en mange et on en vend. Mais rappelez-vous bien, plus ça cuit et plus c'est bon."

Préparation : 10 à 15 minutes
Cuisson : 3 heures à 3 h 30

Pour 4 à 5 personnes

- 120 g de riz rond
- 150 g de sucre semoule
- 2 l de lait entier
- 2 cuillères à café de cannelle
- 1 gousse de vanille
- 1 pincée de sel fin

- Préchauffer le four à 150 °C.
- Fendre la gousse de vanille en deux, la mettre dans le lait et amener à ébullition.
- Laisser refroidir légèrement.
- Dans une grande terrine, mettre le riz, le sucre, la cannelle et le sel.
- Retirer la gousse de vanille et verser le lait.
- Bien mélanger et cuire à 150° C durant 3 bonnes heures. Une croûte très brune doit se former sur le dessus de la terrine.
- La teurgoule se déguste chaude, tiède ou froide.

Crêpes de froment

Les vrais Bretons vous diront que rien ne vaut une crêpe au sucre accompagnée de fins morceaux de beurre demi-sel. Mais en terme de garniture, chacun a sa "spéciale" et nous ne saurions vous en conseiller une particulière. Nous vous délivrons cependant un secret bien gardé... il suffit de faire sauter une crêpe de la main droite avec une pièce dans la main gauche pour connaître abondance et prospérité toute l'année...

Préparation : 20 minutes
Repos : 2 heures
Cuisson : 1 minute par côté

Pour environ 12 crêpes

- 250 g de farine de froment (ou 200 g de froment + 50 g de blé noir)
- 4 œufs entiers
- 40 g de beurre
- 1/2 l de lait
- 100 g de sucre en poudre
- 1 pincée de sel fin
- facultatif : 1 cuillère à soupe de rhum

- Verser la farine dans un saladier, faire un puits où mettre les œufs, le sucre, le beurre fondu, le sel, et éventuellement le rhum.
- Bien mélanger à l'aide d'une spatule en commençant par le centre pour obtenir une pâte épaisse.
- Verser très doucement le lait un peu tiédi. La pâte doit être lisse et assez fluide.
- Laisser reposer 2 h au frais.
- Huiler le fond d'une poêle préalablement chauffée. Verser une petite louche de pâte en tournant la poêle pour qu'elle se répartisse uniformément. Laisser cuire environ 1 mn, retourner la crêpe à l'aide d'une spatule et cuire encore 1 mn.
- Faire glisser la crêpe dans un plat de service et renouveler l'opération jusqu'à épuisement de la pâte.

Il est possible de remplacer le lait par du cidre doux. Dans ce cas, on ajoutera 3 ou 4 cuillères de crème épaisse (bien mélanger à la pâte).

Gâteau nantais

*Voici un dessert qui rappelle que les ports de la région accueillaient les bateaux venus des îles...
Les cargaisons de rhum des Antilles, de sucre de canne, d'amandes
et autres ingrédients "exotiques" ont inspiré plus d'un pâtissier nantais!*

Préparation : 15 minutes
Cuisson : 45 minutes

Pour 6 personnes

- 120 g de beurre demi-sel
- 125 g de sucre en poudre
- 200 g de sucre glace
- 100 g d'amandes en poudre
- 3 œufs
- 40 g de farine
- 4 cuillères à soupe de rhum

- Travailler énergiquement le beurre ramolli avec le sucre en poudre jusqu'à obtenir une pâte blanche mousseuse.
- Incorporer les amandes et mélanger.
- Ajouter les œufs préalablement battus en omelette puis, progressivement, la farine et 2 cuillères à soupe de rhum.
- Beurrer un moule allant au four. Verser la préparation et cuire à 180 °C pendant 45 mn.
- Au sortir du four, mouiller le gâteau avec le reste du rhum.
- Laisser tiédir 10 mn puis démouler sur une grille.
- Délayer le sucre glace avec un peu d'eau chaude pour obtenir un mélange couvrant.
- Napper le gâteau et laisser durcir ce glaçage avant de servir.

Brioche vendéenne

Si la brioche vendéenne est commercialisée aujourd'hui toute l'année, la tradition voulait qu'elle ne se fasse qu'à l'occasion des fêtes de Pâques pour marquer la fin du carême, mais aussi pour ne pas perdre les œufs non utilisés durant le jeûne. Elle est reconnaissable à sa forme de tresse.

Pour 6 personnes

- 1 kg de farine tamisée
- 2 cuillères à café de sel fin
- 4 œufs entiers + 1 jaune
- 300 g de sucre
- 200 g de beurre
- 4 cuillères de crème fraîche
- 50 g de levure de boulanger
- 15 cl de lait
- 2 cuillères d'eau-de-vie
- 2 cuillères à soupe d'eau de fleur d'oranger

Préparation : 30 minutes
Repos : 5 heures
Cuisson : 35 minutes

- Délayer la levure dans un bol avec le lait tiédi et laisser lever au chaud 10 mn.
- Dans une terrine, mettre la farine en fontaine. Ajouter tous les ingrédients sauf le jaune d'œuf.
- Mélanger et verser 30 cl d'eau tiède progressivement.
- Battre légèrement puis pétrir jusqu'à ce que la pâte ne colle plus aux doigts.
- Faire une boule, la saupoudrer de farine puis la déposer dans un plat creux.
- Couvrir d'un linge et laisser lever 3 h dans un endroit chaud.
- Graisser et fariner une plaque à pâtisserie.
- Diviser la pâte en trois pains longs puis former une tresse. La déposer sur la plaque.
- Laisser lever 2 h de plus.
- Dorer la surface au jaune d'œuf avec un pinceau.
- Cuire au four à 180 °C pendant 35 mn.

Galettes saintongeaises

Cette délicieuse recette est très simple à réaliser.
Les galettes se conserveront facilement dans une boîte en fer...
à condition qu'elles ne soient pas toutes mangées avant!

Préparation : 10 minutes
Repos : 2 heures
Cuisson : 30 minutes

Pour 30 petites galettes

- 250 g de farine
- 125 g de sucre
- 1 grosse pincée de sel
- 1 pincée de levure chimique
- 125 g de beurre
- 1 gros œuf
- 100 g de fruits confits (citrons ou oranges)

- Dans un saladier, mélanger la farine, le sucre, le sel et la levure, puis ajouter le beurre ramolli, l'œuf entier et les fruits confits découpés en petits morceaux. Mélanger le tout rapidement du bout des doigts, de façon à obtenir une consistance homogène (si la pâte est trop sableuse, ajouter 1/2 cuillère à soupe d'eau tiède). Rassembler la pâte en une boule et la pétrir un peu.
- Laisser reposer 2 h au frais, dans un saladier recouvert d'un linge.
- Au sortir du réfrigérateur, malaxer la pâte de façon à lui rendre sa souplesse.
- Préchauffer le four à 190 °C.
- Abaisser la pâte au rouleau, sur une surface plate et farinée, jusqu'à une épaisseur de 4 à 5 mm.
- Découper des formes et les déposer sur une plaque de cuisson (ou un moule à tarte) beurrée. Les faire cuire 30 mn au four.
- Conseil : vous améliorerez la présentation de ces galettes en les dorant au pinceau, avant de les enfourner, avec du jaune d'œuf mélangé à un peu d'eau ou de lait.

Alsace

Champagne-Ardennes

Franche-Comté

Lorraine

Pâté en croûte

Au milieu des saucissons à la bière, des saucissons pistachés, des jambons fumés ou des quenelles de foie, trône le pâté en croûte. Il n'est pas difficile à réaliser et se déguste le jour même, le lendemain, le surlendemain... Sage pâté qui se bonifie avec l'âge...

Préparation : 40 minutes - Repos : 48 heures
Cuisson : 1 h 15

Pour 6 à 8 personnes

Le pâté
- 450 g de viande de porc
- 450 g de viande de veau
- 1 oignon
- 1/4 l de vin blanc d'Alsace
- persil
- 2 clous de girofle
- 1 feuille de laurier
- 1 noisette de beurre pour le moule
- 1 jaune d'œuf pour la dorure
- sel, poivre

La pâte
- 250 g de farine
- 120 g de beurre
- 1 jaune d'œuf
- 1 cuillère à café de sel

- Couper la viande en fines lamelles.
- Dans une grande terrine, disposer la viande puis l'oignon émincé. Parsemer de persil, de clous de girofle et de laurier.
- Saler et poivrer.
- Arroser de vin blanc.
- Couvrir et laisser reposer au frais pendant 48 h.
- Passé ce temps, préparer la pâte brisée en effritant le beurre et en mélangeant tous les ingrédients. Ajouter 4 cuillères à soupe d'eau froide en dernier.
- Former une boule et la laisser reposer au frais dans un linge humide pendant 2 h.
- Enlever de la terrine les clous de girofle, le persil, le laurier et les oignons.
- Égoutter la viande et garder un peu du jus de la marinade.
- Préchauffer le four à 200 °C.
- Abaisser la pâte et en garnir un moule beurré. Réserver un rectangle de pâte pour le couvercle.
- Hacher ensemble l'oignon et le persil de la marinade.
- Dans la terrine, disposer une couche de lamelles de viande, puis une couche du hachis oignon-persil et recommencer l'opération plusieurs fois. Saler et poivrer légèrement chaque couche.
- Poser le couvercle. Humecter les bords et les souder avec vos doigts.
- Découper un petit rond dans le couvercle et insérer un petit rouleau de papier.
- Par cette cheminée, verser un peu du jus de la marinade (cela évitera au pâté d'être trop sec).
- Badigeonner la surface du pâté avec le jaune d'œuf battu en omelette.
- Enfourner et laisser d'abord cuire la terrine à 220 °C pendant 15 mn pour bien saisir la pâte.
- Baisser le four à 200 °C et compter 1 h de cuisson.
- Laissez refroidir et démouler.
- Réchauffer le pâté au moment de servir.

Tarte flambée (Flammekueche)

Lorsque les fermières faisaient cuire leur pain, elles tartinaient le reste de pâte avec du fromage blanc, de la crème fraîche, des lardons, des oignons et enfournaient le tout dans le four déjà brûlant. Ainsi est née la Flammekueche. Si tout le monde n'a pas à sa disposition un four à pain, cette tarte ne perd rien de sa saveur dans un four traditionnel.

Préparation : 45 minutes - Repos : 1 heure
Cuisson : 10 minutes

Pour 6 personnes

La pâte à pain
- 8 g de levure chimique
- 1 cuillère à café de sucre semoule
- 500 g de farine de blé
- 10 g de sel fin

La garniture
- 2 oignons
- 200 g de fromage blanc
- 75 g de crème fraîche
- 2 jaunes d'œufs
- 150 g de fines tranches de poitrine fumée
- 2 cuillères à soupe d'huile de colza
- noix de muscade
- sel, poivre

- Sortir tous les ingrédients du réfrigérateur 1 h avant.
- Préparer le levain : dans un grand récipient, verser la levure, le sucre et 25 cl d'eau tiède. Mélanger le tout, recouvrir d'un torchon et laisser lever pendant 15 mn.
- Mélanger dans un bol 5 cl d'eau tiède avec le sel. Réserver.
- Peler et émincer très finement les oignons. Les faire revenir à feu doux dans une poêle avec 1 cuillère à soupe d'huile.
- À l'aide d'une spatule (ou d'un mixer équipé d'un crochet à pain, c'est moins fatigant), mélanger le levain en y incorporant peu à peu l'eau salée. Verser ensuite la farine petit à petit. Pétrir la pâte. Toute la farine ne sera pas forcément utilisée : il y en a suffisamment quand la pâte devient douce et légèrement collante.
- Déposer la pâte sur un plan de travail fariné. La pétrir à la main. Recouvrir d'un torchon et laisser gonfler pendant 1 h.
- Dans un bol, mélanger à la fourchette les oignons, le fromage blanc, la crème fraîche et les jaunes d'œufs. Assaisonner de muscade, de sel et de poivre.
- Préchauffer le four à 280 °C.
- Étaler la pâte sur le plan de travail fariné. Former une abaisse très fine.
- Poser la pâte sur la plaque du four légèrement huilée.
- Répartir la garniture sur la pâte. Parsemer de morceaux de poitrine. Arroser avec le reste d'huile de colza.
- Faire cuire la tarte pendant 10 mn. La servir brûlante.

Tourte au munster

Ce fromage si particulier fut créé au VIIe siècle par des moines de la vallée de Munster, au sud du massif des Vosges. Pour bien le choisir, il faut mettre tous ses sens en éveil. Humez-le : son odeur doit être franche. Regardez-le : sa croûte doit être humide et d'un bel orangé. Touchez-le : sa pâte doit être souple, un peu molle. Et régalez-vous...

Préparation : 15 minutes
Cuisson : 15 minutes puis 35 minutes

Pour 6 à 8 personnes

- 2 rouleaux de pâte feuilletée
- 1 munster et demi
- 250 g de pommes de terre
- 2 oignons
- 150 g de lardons
- 150 g de crème épaisse
- 4 œufs
- 1 cuillère à soupe d'huile
- 1 noisette de beurre
- carvi
- sel, poivre

- Peler les pommes de terre. Les couper en rondelles très fines.
- Les plonger dans une casserole d'eau bouillante et laisser cuire pendant 15 mn.
- Faire revenir les oignons émincés dans une poêle huilée et ajouter les lardons.
- Au bout de 10 mn, éponger les oignons et les lardons avec du papier absorbant.
- Verser dans un récipient la crème fraîche, 3 œufs et un peu de carvi. Saler et poivrer. Mélanger.
- Détailler le munster en fines lamelles.
- Abaisser le premier rouleau de pâte dans un moule beurré. Piquer le fond avec une fourchette.
- Disposer toutes les rondelles de pommes de terre au fond.
- Recouvrir avec le munster, les oignons et les lardons. Verser la crème.
- Déposer le second rouleau de pâte.
- Souder le pourtour en pinçant les bords avec vos doigts mouillés.
- Badigeonner avec un œuf battu le dessus de la tourte pour le faire dorer.
- Faire cuire pendant 35 mn dans un four à 200 °C.

Quenelles de foie

Si les quenelles de foie accompagnent souvent saucisses et jarret dans la choucroute, elles peuvent aussi se déguster telles quelles, avec des croûtons frits et une salade verte.
Ne jetez pas l'eau de cuisson des quenelles : c'est un très bon bouillon qui s'accommode volontiers de persil et de vermicelles.

Pour 4 à 6 personnes

- 250 g de foie de porc ou de génisse
- 120 g de lard fumé
- 100 g de mie de pain
- 1 gousse d'ail
- 1 oignon
- 2 œufs
- 2 cuillères à soupe de farine
- un peu de persil
- 80 g de beurre
- muscade
- sel, poivre

Préparation : 20 minutes
Cuisson : 10 minutes

- Faire revenir l'ail et l'oignon hachés, à feu doux, dans 20 g de beurre.
- Dans un bol, battre les œufs en omelette.
- Dans un récipient, hacher ensemble le foie et le lard. Ajouter l'oignon, l'ail, la mie de pain, les œufs battus, la farine et le persil haché. Saler, poivrer et muscader.
- Mélanger le tout jusqu'à obtenir une purée homogène.
- Porter à ébullition une grande casserole d'eau salée.
- À l'aide de 2 cuillères à soupe trempées dans l'eau chaude, former des quenelles de la taille d'un œuf et les pocher dans l'eau frémissante pendant 10 mn.
- Les retirer avec une écumoire puis les disposer dans un plat et les arroser du reste de beurre fondu.

Quiche lorraine

Une véritable quiche lorraine ne comporte JAMAIS de fromage.
En user est pure hérésie, parole de Lorrain!
L'appareil, la migaine, est constitué des seuls crème et œufs, qu'on se le dise... Le choix de la crème est donc essentiel, qui permettra d'obtenir une belle "migaine chevelotte".

- Abaisser et ajuster la pâte dans un moule à tarte. En piquer le fond et réserver 1 h au frais.
- Pendant ce temps, couper les lardons en tout petits dés et les plonger un court instant dans de l'eau bouillante. Les faire ensuite revenir dans une poêle, à feu vif et sans ajout de graisse. Réserver sur un papier absorbant.
- Préchauffer le four à 220 °C.
- Dans un saladier, mettre la crème et les œufs. Saler modérément, poivrer et ajouter la noix de muscade puis mélanger vivement au fouet jusqu'à obtention de la fameuse migaine chevelotte : un appareil tremblotant.
- Sur le fond de tarte, étaler les lardons, puis verser la préparation.
- Mettre au four 20 mn à 220 °C.
- Baisser à 180 °C et prolonger la cuisson 10 mn.
- Terminer en plaçant la quiche 3 mn sous le gril.
- Attendre quelques instants avant de la couper et servir avec une généreuse salade verte.

Préparation : 15 minutes
Repos : 1 heure
Cuisson : 35 minutes

Pour 6 personnes
- 250 g de pâte brisée
- 200 g de lardons fumés
- 50 g de crème fraîche épaisse de premier choix
- 5 gros œufs
- 1 trait de muscade
- sel, poivre

Beignets jurassiens

En apéritif, en entrée ou tout simplement accompagnés d'une salade verte, ces beignets fourrés au comté sont un vrai régal. Ce fromage est fait à partir du lait des vaches montbéliardes qui ne connaissent d'autre nourriture que l'herbe fraîche des pâturages du Jura, riche d'une flore très diversifiée, ou le foin de l'étable, l'hiver.
C'est ce qui lui donne ce parfum et ce goût si raffiné.

Préparation : 10 mn
Cuisson : 5 mn

Pour 4 à 6 personnes

- 140 g de chapelure blonde
- 240 g de comté
- 5 blancs d'œufs
- sel
- huile de tournesol

- Râper grossièrement le comté. Réserver.
- Monter les blancs en neige, ajouter une pincée de sel.
- Incorporer délicatement le fromage. Remuer.
- Former des boulettes puis les rouler dans la chapelure.
- Faire chauffer un peu d'huile.
- Faire dorer les beignets pendant 5 mn.

Carpe à la bière

Ce poisson au physique patibulaire évolue surtout dans les étangs du Sundgau, petite région au sud de l'Alsace.
Si ses adeptes la consomment plutôt frite, la carpe gagne aussi à être cuisinée dans de la bière :
l'amertume et le poisson font une association goûteuse, savamment orchestrée par les saveurs de pain d'épice.

Préparation : 15 minutes
Cuisson : 25 minutes
(40 mn avec la réduction de la sauce)

Pour 4 personnes

- 1 carpe de 1 kg environ
- 33 cl de bière
- 2 échalotes
- 4 branches de céleri
- 12,5 cl de fumet de poisson
- 100 g de beurre
- 50 g de pain d'épice nature
- persil
- sel, poivre

- Demander au poissonnier d'écailler et de vider la carpe.
- Peler et hacher les échalotes et le céleri. Les faire revenir dans une poêle à feu doux. Réserver.
- Dans une casserole, faire fondre un peu de beurre.
- Saler et poivrer l'intérieur et l'extérieur de la carpe. La badigeonner avec le beurre fondu.
- Placer la carpe dans un plat beurré, avec les échalotes et le céleri.
- Mouiller avec la bière et le fumet de poisson. Recouvrir d'un papier aluminium et laisser cuire au four à 180 °C pendant 25 mn.
- Verser ensuite le jus de cuisson dans une sauteuse et faire réduire. Ajouter le pain d'épice en dés et le beurre restant. Fouetter vigoureusement le mélange. Rectifier l'assaisonnement.
- Dresser la carpe sur un plat et la napper de sauce.
- Saupoudrer de persil haché.

Saumon au champagne

Voici une recette idéale pour un repas de fête. Le champagne devenant salé à la cuisson, il est conseillé de limiter l'assaisonnement en sel.

Préparation : 30 minutes
Cuisson : 1 h 30

- Laver et essuyer le saumon sans abîmer la peau. Saler légèrement et poivrer l'intérieur.
- Hacher finement les échalotes, émincer les champignons et parsemer le tout sur le fond d'un plat allant au four.
- Poser le saumon dessus, le parsemer de quelques morceaux de beurre, poivrer et mouiller avec la moitié du champagne.
- Couvrir le plat de papier aluminium, enfourner et cuire 1 h au four à 200 °C, en arrosant très souvent avec le jus de cuisson et en ajoutant peu à peu le reste du champagne.
- Vérifier la cuisson de la chair du saumon en fendant la ligne de l'arête à l'aide d'un couteau. Si besoin, prolonger la cuisson en baissant un peu le thermostat du four.
- Quand il est cuit, sortir le poisson, en ôter la peau. Le faire glisser sur un plat de service, et le couvrir pour le garder chaud.
- Passer la sauce au chinois puis, dans une casserole, la faire réduire de moitié.
- Au premier bouillon et hors du feu, ajouter la crème fraîche mélangée aux jaunes d'œufs, rectifier l'assaisonnement. Faire épaissir sans bouillir.
- Napper le poisson et servir.

Pour 8 personnes

- 1 saumon de 2 kg
- 4 échalotes
- 150 g de champignons de Paris
- 150 g de beurre
- 1 bouteille de champagne brut
- 250 g de crème fraîche
- 3 jaunes d'œufs
- sel, poivre

Coq au riesling

Le coq au vin, l'un des fleurons de la gastronomie française, peut se cuisiner au vin jaune, au bourgogne, au Saint-pourçain ou au riesling... Une fois de plus, la cuisine alsacienne sait trouver l'alchimie entre ses vins d'exception et ses produits locaux: le coq au riesling est une petite merveille...

Préparation: 25 minutes
Cuisson: 2 heures environ
(Tout dépend de l'âge du coq: sa cuisson est plus rapide quand il est jeune)

Pour 6 à 8 personnes

- 1 coq de 3 kg (ou un poulet)
- 1 bouteille de riesling
- 40 cl de cognac
- 50 cl de bouillon de poule
- 500 g de champignons
- 2 oignons
- 1 citron
- 150 g de beurre
- 50 cl de crème fraîche
- 2 cuillères à soupe de farine
- muscade
- sel, poivre

- Faire revenir les morceaux de coq dans une poêle avec un peu de beurre.
- Dans une cocotte, faire colorer les oignons émincés puis ajouter le coq.
- Flamber avec le cognac.
- Saupoudrer de farine puis mouiller avec le riesling.
- Ajouter sel, poivre et muscade. Remuer. Verser le bouillon de poule.
- Couvrir et laisser cuire doucement pendant environ 2 h.
- Nettoyer les champignons et les faire revenir dans le reste de beurre. Saler, poivrer.
- Égoutter les champignons et garder leur jus de cuisson.
- Quand le coq est cuit, retirer les morceaux et les garder au chaud. Passer le jus du coq au chinois, ajouter la crème et le jus de cuisson des champignons.
- Laisser réduire de moitié.
- Ajouter les champignons et le jus de citron.
- Verser la sauce obtenue sur les morceaux de coq.
- Servir avec des spätzle.

Andouillettes de Troyes au chaource

L'andouillette de Troyes est un produit artisanal, confectionné à partir de gros intestins et d'estomacs de porc. Le chaource est un fromage également originaire de l'Aube. Il est réalisé à base de lait de vache et bénéficie d'une AOC depuis 1970.

Préparation : 15 minutes
Cuisson : 20 minutes

- Faire revenir les andouillettes sur toutes les faces dans un peu de beurre.
- Quand elles sont colorées, les déposer dans un plat allant au four.
- Hacher finement l'échalote et la faire dorer avec le restant du beurre.
- Verser la crème, mélanger et ajouter le champagne. Dès le premier bouillon, baisser le feu et laisser réduire de moitié en remuant régulièrement.
- Couper le chaource en 4 rondelles de 1 cm d'épaisseur.
- Lorsque la sauce a réduit, la verser sur les andouillettes. Celles-ci doivent baigner aux trois quarts dans la préparation.
- Poser une rondelle de fromage sur chaque andouillette.
- Enfourner 10 mn à 220 °C puis placer 5 mn sous le gril.
- Servir aussitôt avec des pommes de terre et une salade verte.

Pour 4 personnes

- 4 andouillettes de Troyes
- 50 cl de champagne brut
- 20 cl de crème fraîche
- 1 échalote
- 50 g de beurre
- 1 demi-chaource

Côtes de porc à l'ardennaise

Il était une fois, en des temps bien lointains..., une tradition automnale qui consistait à conduire les porcs à la "glandée" ou "panage", en forêt d'Ardenne pour qu'ils se nourrissent de glands de chêne ou de faines de hêtre, de baies et de fruits sauvages.

Préparation : 10 minutes
Cuisson : 30 minutes

- Demander au boucher de fendre chaque côte de porc en deux, dans l'épaisseur, jusqu'à l'os.
- Couper les tranches de jambon en deux, dans la largeur cette fois ; en retirer la couenne.
- Poivrer légèrement les tranches de gruyère.
- Dans chaque côte de porc fendue, introduire une tranche de gruyère et une demi-tranche de jambon. Refermer en pressant bien.
- Faire fondre le beurre dans une grande poêle. Y poser les côtes de porc farcies et faire dorer chaque côté durant 5 mn.
- Baisser le feu, couvrir et laisser cuire doucement 20 mn, en retournant au moins une fois. Retirer du feu et réserver sur un plat chaud en prenant soin de couvrir.
- Verser la crème fraîche dans la poêle et déglacer doucement les sucs de cuisson à feu assez vif.
- Lorsque la sauce est liée et bien onctueuse, rectifier éventuellement l'assaisonnement puis napper les côtes de porc. Servir aussitôt.

Pour 4 personnes

- 4 belles côtes de porc dans le carré, épaisses de 2 cm
- 2 tranches de jambon d'Ardenne
- 4 fines tranches de gruyère
- 50 g de beurre
- 20 cl de crème fraîche
- sel, poivre blanc

Poularde au vin jaune

Surnommé l'or du Jura, le fameux "vin jaune" est originaire de Château-Chalon. Il est élaboré à partir d'un seul cépage : le Savagnin. Une grande fête annuelle le célèbre : organisée à tour de rôle par les villages producteurs, "La Percée du vin jaune" attire chaque année des dizaines de milliers d'amateurs le premier week-end de février.

Préparation : 15 minutes
Cuisson : 50 minutes

- Rincer les morilles très rapidement à l'eau. Les égoutter et les sécher avec un torchon.
- Faire suer les échalotes émincées dans 50 g de beurre, ajouter les morilles. Saler et poivrer. Couvrir et cuire 3 à 4 mn. Réserver.
- Découper la poularde en 8 morceaux puis la carcasse en 4. Fariner légèrement.
- Dans une grande cocotte, dorer tous les morceaux dans l'huile et le beurre restant, saler. Laisser cuire doucement durant 20 mn.
- Déglacer la cocotte en versant le vin jaune. Lorsqu'il est évaporé, ajouter la crème fraîche. Cuire 10 mn à feu doux.
- Incorporer les morilles et cuire 20 mn, toujours à feu doux. Retirer les morceaux de poularde et les morilles. Réserver.
- Dans la cocotte, ajouter un trait de vinaigre et les jaunes d'œufs, mélanger doucement sans faire bouillir.
- Remettre la viande et les morilles.
- Réchauffer et servir.

Pour 4 personnes

- 1 poularde de 2 kg environ
- 200 g de morilles fraîches
- 2 échalotes
- 80 g de beurre
- 2 cl d'huile de tournesol
- 30 cl de vin jaune du Jura
- 40 cl de crème fraîche liquide
- 2 jaunes d'œufs
- 1 cuillère à soupe de vinaigre de vin blanc
- sel, poivre

Oie farcie de la Saint-Martin

En Alsace, la tradition veut que l'on cuisine une oie le 11 novembre, jour de la Saint-Martin. Mais elle trône surtout sur les tables le soir de Noël. Servez ce plat festif avec une purée de marrons, de céleris, de pois cassés ou de pommes sucrées.

Préparation : 2 heures
Cuisson : 2 heures à 2 h 30

Pour 6 à 8 personnes

- 1 jeune oie de 3 kg environ (avec le foie)
- 300 g d'échine de porc hachée
- 200 g de mie de pain
- 4 carottes
- 2 oignons
- 1 échalote
- 1 cuillère à soupe de thym
- 1 cuillère à soupe de persil ciselé
- 20 cl de lait
- 50 cl de sylvaner
- 1 cuillère à café de fécule
- 30 g de beurre
- sel, poivre

- Demander au boucher de flamber l'oie et, éventuellement, de la vider.
- Réserver le foie.
- Faire tremper la mie de pain dans le lait.
- Pendant ce temps, peler et hacher les carottes, les oignons et l'échalote. Les faire revenir à feu doux dans un peu de beurre pendant 15 mn.
- Hacher le foie de l'oie puis, dans un grand récipient, le mélanger avec la viande de porc hachée.
- Égoutter la mie de pain, bien presser avec les doigts pour en extraire tout le liquide. L'ajouter aux viandes hachées. Incorporer ensuite le thym et le persil.
- Mélanger tous ces ingrédients jusqu'à obtention d'une farce bien homogène.
- Préchauffer le four à 180 °C.
- Saler et poivrer l'intérieur de l'oie. La remplir de farce puis coudre l'ouverture.
- Beurrer un grand plat.
- Tapisser le fond du plat beurré du mélange de carottes, d'oignons et d'échalotes.
- Poser l'oie sur ce mélange. Saler et poivrer.
- L'arroser d'un peu de vin.
- Laisser cuire entre 2 h et 2 h 30 selon sa taille.
- Pendant la cuisson, arroser régulièrement l'oie avec le vin et le jus de cuisson.
- La découper et disposer les morceaux dans un plat chaud.
- Délayer la fécule dans un peu d'eau et la verser dans le jus de cuisson. Mélanger jusqu'à obtenir une sauce onctueuse que l'on versera dans le plat de service.

Saucisse de Morteau en gratin

Depuis des décennies s'inscrit, au calendrier estival du val de Morteau, une fête incontournable pour les Francs-Comtois, une manifestation de terroir qui rassemble durant deux jours des milliers de fidèles visiteurs : la fête de la fameuse saucisse... que nous vous proposons ici, cuisinée en gratin.

Préparation : 30 minutes
Cuisson : 1 h 40

Pour 6 personnes

- 2 saucisses de Morteau
- 1 kg de pommes de terre fermes
- 500 g de comté râpé
- 3 oignons
- 20 g de beurre
- 40 cl de crème fraîche liquide
- 3 gousses d'ail
- 20 cl de vin blanc sec
- poivre

- Pocher les saucisses 20 mn à l'eau froide au départ, puis à petits bouillons.
- Laisser refroidir et retirer la peau des saucisses.
- Cuire les pommes de terre pendant 10 mn. Les éplucher et les détailler en fines rondelles quand elles sont tièdes.
- Couper également les saucisses de Morteau en rondelles.
- Beurrer un plat à gratin. Hacher les oignons, en disposer une couche au fond du plat.
- Mettre ensuite une couche de pommes de terre saupoudrées d'ail finement haché, puis des rondelles de saucisse de Morteau. Parsemer de fromage râpé, poivrer modérément.
- Renouveler l'opération en alternant oignons, pommes de terre, ail, saucisses... Terminer par les pommes de terre, couvrir de fromage râpé et de crème fraîche.
- Arroser avec le vin et cuire à four chaud 220 °C pendant 20 mn. Baisser à 180 °C et poursuivre la cuisson 1 h.

Fondue au mont-d'or

Le mont d'Or est un sommet du massif jurassien culminant à 1 075 mètres. Son faux frère, est un fromage affiné sur des planches d'épicéa et présenté dans un emballage de la même écorce qui lui donne des saveurs boisées. Il est fabriqué du 15 août au 31 mars, avec le lait des vaches qui ont passé l'été dans les pâturages. On l'appelle "boîte chaude" lorsqu'il prend des allures de fondue. Les amateurs le dégustent souvent sans le sortir de sa gangue et... à la petite cuillère s'il vous plaît !

Préparation : 5 mn
Cuisson : 20 mn

Pour 4 personnes

- 1 mont-d'or dans sa boîte
- 8 pommes de terre
- 1 petit verre de vin blanc d'Arbois

- Peler les pommes de terre et les plonger dans une grande casserole d'eau froide. Les faire cuire pendant une vingtaine de minutes.
- Préchauffez le four à 200 °C.
- Pendant ce temps, enrubanner le mont-d'or de papier aluminium.
- Faire un trou au centre du fromage et y verser le vin blanc.
- Refermer le trou.
- Mettre le tout au four et laisser cuire pendant 20 mn en remuant à mi-cuisson.
- Disposer la boîte sur la table et servir avec les pommes de terre.
- Vous pouvez aussi tremper des mouillettes de pain de campagne dans le mont-d'or fumant...

Choucroute

Ah! la choucroute... Autrefois accommodée d'escargots et parfumée au cumin ou aux fleurs de sureau, elle s'accompagne aujourd'hui de viande de porc variées, de saucisses alsaciennes, de baies de genièvre et d'un bon vin blanc, un riesling de préférence...

Pour 6 personnes

- 1,2 kg de choucroute
- 1 palette de porc salée et fumée
- 1 petit jarret de porc salé
- 300 g de lard fumé
- 6 saucisses de Strasbourg
- 6 saucisses de Montbéliard fumées
- 50 g de graisse d'oie
- 1 oignon
- 1 gousse d'ail
- 10 baies de genièvre
- 1 petit sac en lin contenant 1 feuille de laurier, de la coriandre, du thym, 1 clou de girofle et des grains de poivre concassés
- 25 cl de vin blanc alsacien (riesling)
- 12 pommes de terre
- sel, poivre

Repos et dessalage : 12 heures
Préparation : 20 minutes
Cuisson : 45 minutes puis 1 h 30 au four

- La veille, faire dessaler la palette, le jarret et le lard. Changer l'eau 2 ou 3 fois.
- Laver la choucroute à l'eau tiède, l'égoutter puis l'essorer avec les mains.
- Porter à ébullition une grande casserole d'eau. Y plonger la palette, le jarret et le lard. Laisser cuire pendant 45 mn environ.
- À feu doux, faire chauffer la graisse d'oie dans une grande cocotte allant au four.
- Y faire revenir l'oignon émincé.
- Ajouter la gousse d'ail écrasée, la choucroute, les baies de genièvre et le petit sac de lin.
- Mouiller avec le vin blanc et une petite tasse d'eau de cuisson des viandes.
- Couvrir et laisser mijoter au four pendant 45 mn à 180 °C.
- Pendant ce temps, éplucher les pommes de terre et les faire cuire 20 mn dans de l'eau bouillante salée.
- Au bout de 45 mn, ajouter la palette, le jarret et le lard dans la cocotte.
- Laisser mijoter à nouveau pendant 45 mn.
- Pocher pendant quelques minutes les saucisses dans l'eau de cuisson des viandes.
- Après la cuisson, rectifier l'assaisonnement de la choucroute.
- La dresser sur un grand plat. Disposer tout autour saucisses, lard, pommes de terre et viandes.
- Servir très chaud sans oublier de déposer la moutarde sur la table !

Potée lorraine

Plat d'hiver d'origine lorraine, la potée est également cuisinée dans de nombreuses régions françaises, en Auvergne, dans le Berry ou en Bretagne. Les ingrédients de base en sont toujours des légumes cuits avec des viandes salées, voire fumées. Certaines recettes incluent de la queue de porc, des carottes, une branche de céleri... et préfèrent des saucisses fumées au saucisson à cuire.

Pour 6 personnes

- 50 g de lard
- 300 g de poitrine de porc fumée
- 600 g de palette de porc non désossée
- 1 saucisson à cuire d'environ 400 g
- 4 poireaux
- 2 navets
- 1 chou de Milan (chou vert)
- 150 g de haricots blancs secs
- 150 g de haricots verts
- 6 pommes de terre moyennes
- 1 bouquet garni
- 2 gousses d'ail
- 2 oignons dont 1 piqué de 3 clous de girofle
- poivre

Préparation : 30 minutes
Trempage des haricots : 8 heures
Cuisson : 3 heures

- Faire tremper les haricots blancs durant 8 h dans de l'eau non salée.
- Dans une grande cocotte, faire fondre le lard coupé en petits dés et la poitrine fumée puis ajouter un oignon, les poireaux émincés et les navets coupés en gros morceaux. Couvrir et laisser suer doucement 10 mn.
- Ajouter la palette, mouiller d'eau à hauteur, poivrer et ajouter le bouquet garni, les gousses d'ail écrasées et l'oignon piqué de girofle. Laisser cuire doucement 1 h.
- Couper le chou en quatre, l'effeuiller puis le mettre dans la cocotte ainsi que les haricots blancs. Ajouter un peu d'eau puis laisser mijoter 1 h 30.
- Au bout de ce temps, incorporer le saucisson délicatement piqué avec une aiguille, les haricots verts et les pommes de terre pelées. Remettre de l'eau si nécessaire et faire cuire encore 20 mn.
- Trancher la viande, éplucher le saucisson.
- Dresser sur un plat creux les légumes et les viandes par dessus.
- Servir très chaud.

Pfloutes de pommes de terre

Voici une recette idéale pour finir les pommes de terre cuites à l'eau qui désespèrent au fond de votre faitout. Un peu de farine, de lait et de beurre, et les petites pfloutes dorées se retrouvent dignement alignées dans le plat de service. Servez-les avec une viande en ragoût, une compote de pommes, une sauce aux oignons ou une simple salade verte.

- Éplucher les pommes de terre, les laver, les essuyer et les couper en morceaux.
- Couvrir d'eau salée et laisser cuire pendant 20 mn environ.
- Baisser le feu. À l'aide d'une fourchette ou d'un pilon, comme pour une purée, écraser les pommes de terre dans leur eau de cuisson.
- Ajouter le lait puis incorporer petit à petit la farine, en mélangeant le tout avec une cuillère en bois.
- Continuer à remuer sans retirer la casserole du feu. Le mélange doit gonfler.
- Faire chauffer l'huile et le beurre dans une poêle. Tremper une cuillère dans la matière grasse pour prélever les morceaux de pfloutes, puis les faire dorer à la poêle. Répéter l'opération jusqu'à ce qu'il n'y ait plus de pâte.
- Disposer les pfloutes dans un plat préchauffé et les arroser avec le reste de matière grasse.

Préparation : 10 minutes
Cuisson : 25 minutes

Pour 4 personnes

- 1 kg de pommes de terre farineuses
- 5 cl de lait
- 150 g de farine
- 2 cuillères à soupe d'huile
- 20 g de beurre
- sel

Spätzle

Préparation : 15 minutes
Cuisson : 10 minutes

Pour 8 personnes

- 500 g de farine
- 4 œufs entiers et 2 jaunes
- 50 g de beurre
- 1 pincée de muscade
- 1 pincée de sel

"Spätzle" signifie littéralement "petit moineau". Ces pâtes traditionnelles alsaciennes, aux formes biscornues, accompagnent aussi bien un civet de lièvre que des compotes de pommes et de quetsches.

- Verser la farine dans une terrine. Faire une fontaine.
- Ajouter les 4 œufs et les 2 jaunes, le sel, la muscade et 2 cuillères à soupe d'eau.
- Travailler la pâte jusqu'à ce qu'elle se détache facilement de la terrine.
- Étaler un peu de pâte sur une planche en bois.
- Faire bouillir de l'eau salée dans une grande casserole.
- Plonger un couteau dans l'eau et découper de petites lamelles de pâte.
- Les faire tomber dans l'eau bouillante.
- Les sortir dès qu'elles remontent à la surface et les passer sous l'eau froide. Les égoutter.
- Faire chauffer le beurre dans une poêle.
- Ajoutez les spätzle et les faire sauter quelques minutes.
- Servir chaud.

Kouglof

S'il y a une chose qui est sûre, c'est qu'on ne peut pas faire cuire le kouglof dans n'importe quel moule ! Celui que l'on avait coutume d'appeler "boule levée" ou "capuchon de moine" s'identifie à son contenant. Pas question d'utiliser un moule à manqué ou un moule à charlotte : le kouglof ne serait plus un kouglof !

Préparation : 40 minutes
Repos : 1 h 30
Cuisson : 1 heure

Pour 6-8 personnes

- 20 g de levure de boulanger
- 20 cl de lait tiède
- 500 g de farine
- 120 g de sucre semoule
- 3 œufs
- 250 g de beurre
- 100 g de raisins secs
- 2 cuillères à soupe de kirsch
- 50 g d'amandes
- sucre glace
- 1 grosse pincée de sel

- Faire tremper les raisins dans le kirsch pendant 30 mn.
- Préparer le levain : dans un bol, verser la levure dans la moitié du lait et ajouter 50 g de farine petit à petit. La pâte obtenue doit être assez consistante.
- Laisser lever jusqu'à ce que la pâte double de volume.
- Verser le restant de farine dans un grand récipient. Faire un puits : ajouter le sel, le sucre semoule et le reste de lait tiède. Mélanger.
- Ajouter les œufs petit à petit et le beurre ramolli. Bien mélanger.
- Incorporer le levain, mélanger la pâte qui doit être souple et se détacher facilement des bords.
- Ajoutez les raisins égouttés, mélanger.
- Couvrir le récipient avec un torchon et laisser reposer dans un endroit tiède pendant 1 h 30.
- Préchauffer le four à 180 °C.
- Beurrer un moule à kouglof.
- Déposer une amande dans chaque cannelure du moule.
- Pétrir à nouveau la pâte pendant quelques minutes.
- La verser dans le moule.
- Enfourner et laisser cuire le kouglof dans un four à 180 °C pendant 1 h environ.
- Si la pâte venait à dorer trop vite, recouvrir le gâteau d'une feuille d'aluminium.
- Laisser refroidir.
- Démouler et saupoudrer de sucre glace.

Bretzels

Dans les winstubs, on déguste de grands bretzels autour d'une chope de bière. Ce "pain tordu" s'habille de graines de cumin, de sésame, de pavot, de gros sel ou de carvi.

Préparation : 15 minutes
Repos : 1 heure
Cuisson : 20 minutes

Pour 4 personnes

La pâte
- 500 g de farine
- 1 paquet de levure de boulanger (10 g environ)
- 25 g de sucre
- 1/2 cuillère à café de sel
- 1 œuf
- 35 ml d'huile

Le bain
- 40 g de bicarbonate de soude
- 2 cuillères à café de sel

La dorure
- 1 jaune d'œuf
- graines de cumin (ou autres graines)

- Verser la farine dans un grand récipient. Ajouter la levure, le sucre et le sel puis l'œuf et l'huile et mélanger.
- Verser 25 cl d'eau tiède petit à petit (il n'est pas nécessaire de l'utiliser entièrement : arrêter si la pâte devient trop collante). Travailler la pâte pendant 5 mn. Former une boule.
- Recouvrir le récipient d'un torchon et laisser reposer pendant 1 h.
- Pendant ce temps, mettre dans un grand faitout 50 cl d'eau, le bicarbonate de soude et le sel pour faire le bain.
- Faire bouillir le tout pendant 5 mn et préchauffer le four à 180 °C.
- Prélever des petits morceaux de pâte et les rouler entre vos mains. Les nouer et créer la forme souhaitée.
- Avec une écumoire, tremper le ou les bretzels dans le bain salé.
- Les disposez sur une plaque recouverte de papier sulfurisé.
- Les badigeonner avec le jaune d'œuf battu.
- Les entailler et les saupoudrer de graines de cumin (ou autres).
- Laisser cuire pendant 20 mn à 180 °C.

Bettelmann

Le Bettelmann est économique – à défaut de pains au lait, ce gâteau peut se confectionner avec du pain rassis –, varié – les cerises peuvent être remplacées par des pommes coupées en rondelles – et goûteux – le kirsch, la cannelle, les amandes et la vanille créent une harmonie de saveurs étonnante. Diversifiez la présentation en utilisant un plat en terre ou plusieurs petits ramequins.

Préparation : 40 minutes
Cuisson : 1 h 15

Pour 10-12 personnes

- 50 cl de lait
- 1 cuillère à café d'extrait de vanille
- 6 petits pains au lait
- 8 œufs
- 120 g de beurre
- 110 g de sucre
- 120 g d'amandes en poudre
- 800 g de cerises entières
- 1 pincée de cannelle
- 50 g de raisins secs
- 3 cuillères à soupe de kirsch

- Mettre les raisins à tremper dans le kirsch.
- Faire tiédir le lait. Ajouter la vanille. Mélanger.
- Déposer les petits pains dans un récipient. Verser le lait dessus et écraser à la fourchette.
- Séparer les blancs des jaunes d'œufs. Les réserver dans deux grands bols.
- Travailler 110 g de beurre pour le rendre le plus mou possible.
- Ajouter les jaunes d'œufs, le sucre, la poudre d'amandes, les raisins trempés, le kirsch, les petits pains écrasés et le reste de lait. Fouetter le tout.
- Verser les cerises.
- Saupoudrer d'une pointe de cannelle.
- Battre les blancs en neige. Les incorporer délicatement au mélange.
- Verser la préparation dans un plat à gratin ou un moule à manqué généreusement beurré.
- Enfourner et laisser cuire à 150 °C pendant 1 h 15.

Gâteau lorrain aux mirabelles

15000 tonnes de mirabelles sont récoltées en Lorraine chaque année à la fin de l'été. C'est dire si ce fruit est emblématique de la région. Ce "gâteau maison" par excellence, accompagne depuis des générations les goûters, les fins de repas ou l'heure du thé. Hors saison, on peut le réaliser avec des fruits au sirop.

Préparation : 15 minutes
Cuisson : 1 heure

Pour 6 personnes

- 400 g de mirabelles
- 4 œufs
- 150 g de sucre
- 80 g de beurre
- 100 g de fromage blanc
- 200 g de farine
- 1 sachet de levure chimique
- 1 pincée de sel

- Casser les œufs en séparant les blancs des jaunes.
- Dans une grande terrine, travailler les jaunes et le sucre en poudre jusqu'à ce que le mélange blanchisse.
- Ajouter le beurre fondu et le fromage blanc. Bien travailler jusqu'à ce mélange forme une crème fluide.
- Incorporer la farine ainsi que la levure jusqu'à obtention d'une pâte très lisse.
- Battre les blancs en neige ferme avec une pincée de sel et les incorporer délicatement â la préparation en soulevant le mélange.
- Préchauffer le four à 180 °C. Beurrer un moule à manqué et y verser la pâte.
- Laver et égoutter les mirabelles. Les couper en deux et ôter les noyaux. Intégrer les fruits au gâteau sans trop les enfoncer.
- Enfourner et faire cuire 1 h à température moyenne. Quand le gâteau est cuit, le laisser tiédir puis démouler.
- Servir tiède ou froid.

Galette ardennaise

Dans les Ardennes, cette fameuse galette est appelée "la galette à suc' »... La recette, qui se transmet en douceur au fil des générations, connaît peu de variantes, excepté, aujourd'hui, le trait de fleur d'oranger ou de vanille. À apprécier sans se soucier... des calories!

Préparation : 45 minutes
Repos : environ 2 heures
Cuisson : 20 minutes

Pour 8 personnes

- 1/2 cube de levure de boulanger
- 10 cl de lait
- 125 g de sucre semoule
- 150 g de beurre
- 300 g de farine
- 3 œufs
- 50 g de cassonade
- 1 pincée de sel

- Émietter le demi-cube de levure dans un récipient, ajouter le lait et le sucre. Bien mélanger et laisser gonfler au moins 30 mn.
- Faire fondre la moitié du beurre à feu très doux.
- Dans un saladier, réaliser une fontaine avec la farine, y ajouter la pincée de sel, les œufs et la levure délayée. Mélanger.
- Ajouter le beurre fondu. Bien travailler la pâte, pour obtenir la consistance idéale : un peu collante et très souple.
- Beurrer et fariner une tourtière en fer-blanc de 30 cm de diamètre. Y étaler la pâte à la main, en une couche épaisse. Laisser reposer. La pâte doit gonfler jusqu'à doubler de volume et atteindre les bords supérieurs de la tourtière.
- Faire 5 ou 6 tout petits puits pour y déposer des noisettes de beurre.
- Saupoudrer de cassonade et cuire à four chaud durant 15 à 20 mn. La pâte doit être dorée.
- Servir tiède.

Saucisson des Ardennes

Quand la pâtisserie se plaît à plagier la cuisine traditionnelle...
Ce dessert est aussi appelé boudin au chocolat. Original et savoureux, il enchantera les petits comme les plus grands.

Pour 8 personnes

- 4 jaunes d'œufs
- 150 g de sucre
- 1 paquet (150 g) de biscuits secs, de type "Petits Brun"
- 150 g de chocolat noir
- 1 pincée de sel
- 150 g de beurre
- sucre glace

Préparation : 40 minutes
Repos : 1 heure + 4 heures

- Dans un grand saladier, battre les jaunes d'œufs avec le sucre jusqu'à ce que le mélange blanchisse.
- Ajouter les biscuits réduits en petits morceaux (mais pas en miettes !) et mélanger à la cuillère en bois. Réserver.
- Faire fondre le chocolat au bain-marie avec 2 à 3 cuillères à soupe d'eau. Lorsqu'il est fondu, ajouter une petite pincée de sel, le beurre en morceaux et remuer à la cuillère en bois jusqu'à obtenir un mélange bien lisse.
- Incorporer le chocolat à la préparation œufs/biscuits du début et laisser reposer le mélange une bonne heure au réfrigérateur.
- Lorsque la pâte est devenue plus ferme, la modeler grossièrement en forme de saucisson, puis la rouler dans le sucre glace pour achever la ressemblance.
- La laisser durcir au réfrigérateur, protégée d'un torchon, pendant au moins 4 h avant de la découper en tranches.
- Accompagné d'une glace à la vanille, par exemple, ce "saucisson" fera merveille...

Auvergne
Bourgogne
Centre
Limousin

Velouté de courgettes au selles-sur-cher

Le selles-sur-cher existe depuis belle lurette… Certains écrits l'auraient mentionné dès l'année 1887… C'est un chèvre qui a du goût. Sa pâte tendre, non pressée et non cuite, et sa croûte, qu'il ne faut surtout pas gratter, ont une saveur de noisette. L'une est aussi blanche que l'autre est bleue. C'est la poudre de charbon de bois mélangée à du sel qui lui donne cette couleur si typique.

Préparation : 10 mn
Cuisson : 25 mn

Pour 4 personnes

- 600 g de courgettes
- 200 g de selles-sur-cher
- 60 cl de bouillon de volaille
- 10 cl de crème fraîche
- ciboulette hachée
- 1 pincée de muscade
- poivre

- Peler et couper en morceaux 450 g de courgettes. Détailler le reste en julienne (en fines lanières)
- Faire cuire les morceaux de courgettes à la vapeur. Réserver la julienne.
- Pendant ce temps, faire chauffer le bouillon.
- Couper le selles-sur-cher en petits dés.
- Ajouter la crème fraîche au bouillon, puis le fromage.
- Égoutter les courgettes, les presser avec les mains pour en extraire l'eau.
- Les ajouter au bouillon. Saupoudrer avec une pincée de muscade, un peu de poivre mais surtout pas de sel.
- Passer le tout au mixeur.
- Parsemer de ciboulette. Ajouter la julienne.
- Servir dans de petits bols.
- Déguster très chaud.

Soupe tourangelle

Indéniablement, la soupe tourangelle fleure bon le terroir ! Elle peut presque faire l'objet d'un plat unique. Si vous prenez le temps de la préparer un après-midi froid et pluvieux, elle réchauffera à coup sûr votre soirée...

Préparation : 45 minutes
Cuisson : 1 h 30

Pour 8 personnes

- 500 g de poitrine de porc maigre demi-sel
- 1 petit chou
- 500 g de poireaux
- 300 g de navets
- 50 g de beurre
- 3 l de bouillon de volaille dégraissé
- 1,5 kg de petits pois écossés
- 1 verre de vinaigre
- du pain de campagne grillé ou rassis
- sel, poivre

- Faire blanchir la poitrine de porc. La couper en petits cubes en prenant soin d'enlever le cartilage et la couenne. Réserver.
- Éplucher le chou, le couper en quartiers, retirer les grosses côtes, laver à l'eau vinaigrée et mettre les morceaux dans un faitout.
- Couvrir d'eau froide et porter à ébullition un court instant puis égoutter et passer sous l'eau froide.
- Préparer les poireaux en ne gardant que 2 cm de vert, les laver et les émincer.
- Laver, éplucher et couper les navets en dés.
- Dans le faitout, faire revenir les poireaux et les navets dans le beurre, à feu doux, pendant 10 mn en remuant souvent.
- Ajouter les quartiers de chou, les dés de poitrine, le bouillon de volaille. Couvrir et laisser cuire à petite ébullition pendant 1 h.
- Saler, poivrer, ajouter les petits pois et laisser cuire encore 20 mn.
- Servir très chaud avec de fines tranches de pain de campagne.

Soupe de marrons

Les châtaignes (ou marrons qu'il ne faut pas confondre avec les marrons d'Inde, non comestibles) apportent des vitamines B, C et E, du calcium, du fer, du magnésium, du potassium, des fibres et des sucres lents...
Foin des baisses de tonus : cette soupe automnale répondra aux besoins énergétiques dès les premiers frimas !

Pour 6 personnes

- 500 g de beaux marrons
- 20 g de beurre
- 3 oignons
- 2 blancs de poireaux
- 2 petites branches de céleri
- 10 cl de crème fraîche
- 6 à 8 tranches de pain de campagne grillé
- 1 brin de persil
- 1 cuillère d'huile
- sel, poivre

Préparation : 45 minutes
Cuisson : 50 minutes

- Inciser la peau des marrons et les plonger 5 mn dans de l'eau bouillante additionnée de 1 cuillère d'huile. Rincer à l'eau fraîche.
- Retirer l'écorce et la peau à l'aide d'un couteau pointu.
- Mettre à cuire dans 2 l d'eau pendant 40 mn à petits bouillons avec les oignons, les blancs de poireaux, le céleri émincé, le sel et le poivre.
- Retirer le céleri et mixer le reste des ingrédients en une purée fine et liquide. Garder au chaud dans une casserole le temps de faire dorer le pain dans le beurre.
- Mettre à nouveau la casserole sur le feu et ajouter peu à peu la crème en remuant une dizaine de minutes.
- Verser le potage dans une soupière bien chaude. Décorer avec le persil fraîchement haché.
- Servir aussitôt sur les tranches de pain grillé.

Potage bourguignon

Ce potage est un hommage aux oignons du Val de Saône et des maraîchages d'Auxonne, utilisés dans de nombreuses préparations culinaires. Il s'agit en réalité d'une variété très répandue au XIXe siècle dans la région, appelée "oignon de Mulhouse type Auxonne". Remplacé par d'autres variétés dans la seconde moitié du XXe siècle, il reprend de nos jours peu à peu sa place dans le bassin d'Auxonne.

Pour 4 personnes

- 3 oignons
- 100 g de beurre
- 1 l de bouillon de pot-au-feu ou cube
- 150 g de comté râpé
- pain de campagne
- sel, poivre

Préparation : 15 minutes
Cuisson : 30 minutes

- Faire revenir les oignons émincés dans du beurre jusqu'à les faire dorer.
- Mouiller l'ensemble avec le bouillon et maintenir à petite ébullition pendant 20 mn.
- Couper du pain en tranches très fines.
- Dans une soupière allant au four, disposer une couche de pain, une couche de fromage et ainsi de suite, puis un morceau de beurre au centre.
- Reprendre le liquide, le saler avec parcimonie (le fromage est déjà salé) et le verser dans la soupière.
- Faire légèrement gratiner à four doux 10 mn.
- Servir bouillant.

Patranque

Si la panade se sert plutôt dans la région des monts Dore, la patranque, elle, nous vient du Cantal. Délicieuse, certes elle l'est, mais le seul fait de prononcer son nom exige d'avoir une carafe d'eau fraîche à proximité ! C'est qu'elle est un peu, mon Dieu pardonnez-nous, "étouffe-chrétien". Goûtez-la néanmoins, sa consistance et sa saveur ne vous feront pas regretter de vous être "calé l'estomac" et prévoyez 1 h 30 de sieste.

Préparation : 10 minutes
Cuisson : 30 minutes

Pour 4 personnes

- 400 g de pain blanc rassis
- 400 g de tomme fraîche de cantal
- 2 gousses d'ail
- sel, poivre

- Dans une casserole à fond épais, faire bouillir 75 cl d'eau salée et poivrée.
- Ajouter le pain en petits dés, faire cuire 15 mn en remuant avec une cuillère en bois.
- Bien réduire en bouillie avant d'ajouter la tomme finement coupée et l'ail haché menu.
- Tourner alors énergiquement ce mélange à feu moyen.
- Une fois fondue, la tomme forme bloc autour de la cuiller en bois et "file".
- Cesser de tourner lorsque la préparation prend la forme d'une boule qui se détache du fond de la casserole !

Rillettes

Destinée à l'origine à conserver la viande dans la graisse, cette préparation était réalisée deux fois par an, lorsqu'on "tuait le cochon". Comme Rabelais, qui en parle dans son "Tiers Livre", la "brune confiture" est née en Touraine au XVe siècle.

Préparation : 20 minutes
Cuisson : 4 heures

- Couper la panne en petits morceaux et retirer les peaux qui recouvrent la graisse.
- Dans une grande casserole, genre faitout, verser 2 verres d'eau et ajouter
ces morceaux. Les faire fondre à feu très doux.
- Couper la viande en bandes dans le sens de la fibre puis l'ajouter dans le faitout avec le bouquet garni. Saler, poivrer.
- Laisser cuire patiemment pendant au moins 4 h en remuant régulièrement et sans faire bouillir la graisse.
- Dans un bol, récupérer un peu de graisse fondue. Réserver.
- Dès que la viande prend une couleur dorée, la retirer du feu. Enlever le bouquet garni et verser la préparation dans un pot en grès ou dans un bocal. Laisser refroidir.
- Ne pas retirer la graisse remontée à la surface et, s'il en manque pour recouvrir les rillettes, compléter avec celle récupérée durant la cuisson.
- Fermer hermétiquement et placer dans un endroit sec et frais. À déguster dans les 15 jours.

Pour 1 kg de rillettes

- 250 g de panne de porc
- 1 kg d'échine ou de poitrine de porc
- 1 bouquet garni
- sel, poivre

Salade berrichonne

Accompagnée de petites pommes de terre ou de courgettes sautées, cette généreuse salade constitue un plat principal riche et complet.

Préparation : 15 minutes
Cuisson : 15 minutes

- Laver et essorer la salade. Laver et couper les tomates en quartiers. Réserver.
- Faire dorer les lardons à la poêle. Les poser sur un papier absorbant le temps de préparer une sauce avec le vinaigre, l'huile, la moutarde, le sel et le poivre.
- Couper les tranches de pain de campagne en deux et disposer un quart de crottin au centre de chaque morceau.
- Placer ces toasts au four, position gril, le temps que le fromage dore.
- Pocher les œufs, à peine plus de 1 mn, dans une eau légèrement vinaigrée. Les retirer délicatement à l'aide d'une écumoire. Réserver.
- Sur de grandes assiettes, disposer la salade, les lardons, les cerneaux de noix, les tomates en quartiers, les œufs pochés (au centre) et les toasts de crottin de chèvre.
- Arroser de vinaigrette et déguster aussitôt.

Pour 2 personnes

- de la mâche ou toute autre variété de salade
- 2 tomates
- 150 g de lardons
- 4 tranches de pain de campagne
- 2 crottins de chèvre mi-secs
- 2 œufs
- 1 poignée de cerneaux de noix
- 2 cuillères à soupe de vinaigre
- 4 cuillères à soupe d'huile de noix
- 1 cuillère à café de moutarde
- sel, poivre

Farcidure

Plat du pauvre à l'origine, la farcidure est une recette ancienne et rustique à souhait ! Elle est devenue un grand classique du paysage gastronomique limousin. On la sert aujourd'hui avec une salade, de l'andouille ou toute autre viande.

Pour 6 personnes

- 3 kg de pommes de terre
- 3 œufs
- 4 gousses d'ail débarrassées de leur germe
- 100 g d'oseille
- 1 bouquet de persil
- 1 cuillère à soupe de farine
- 250 g de ventrèche de porc salée
- 2 l de bouillon de petit-salé ou de légumes
- sel, poivre

Préparation : 30 minutes
Cuisson : 45 minutes

- Peler et râper les pommes de terre. Bien les sécher. Les mettre dans une jatte.
- Incorporer les œufs battus au fouet, l'ail écrasé, l'oseille et le persil hachés, la farine, le sel et le poivre. Ajouter la ventrèche coupée en tout petits dés.
- Dans la paume des mains, constituer des boulettes bien serrées et les mettre à cuire pendant 45 mn dans un bouillon de petit-salé ou de légumes.
- On peut choisir de les servir ainsi ou de les dorer à la poêle.

Escargots à la mode de Beaune

Pour nombre de Bourguignons, cette recette est plus typique que celle des classiques escargots au beurre d'ail, puisqu'elle utilise du vin local dans sa préparation.

Préparation : 10 minutes
Cuisson : 50 minutes

- Peler puis émincer les échalotes et les gousses d'ail. Enlever les fils des branches de céleri et les découper en tronçons.
- Dans une casserole, faire fondre 30 g de beurre, y incorporer les échalotes et le céleri. Faire cuire à feu doux pendant 5 mn tout en remuant avec une cuillère en bois.
- Verser le vin blanc, ajouter l'ail et le bouquet garni avant de faire réduire de moitié sur feu vif, en remuant de temps en temps, sans couvrir.
- Incorporer le bouillon et mélanger. Poursuivre la cuisson pendant 30 mn environ. Passer ensuite le liquide obtenu dans une passoire en écrasant les aromates pour obtenir une saveur assez concentrée.
- Verser le liquide dans une casserole, y ajouter les escargots. Faire chauffer sur feu doux et mélanger.
- Incorporer alors le reste du beurre en fouettant. Rectifier l'assaisonnement.
- Servir chaud.

Pour 4 personnes

- 4 douzaines d'escargots cuits
- 2 échalotes
- 2 gousses d'ail
- 2 branches de céleri
- 120 g de beurre
- 1 bouteille de vin blanc de Bourgogne
- 1 bouquet garni
- 20 cl de bouillon de volaille
- sel, poivre

Gougères

La ville de Tonnerre revendique la paternité de la gougère, même si son nom n'est pas sans rappeler celui de "goyère", une sorte de pâte briochée au fromage d'origine flamande. Ici, il s'agit de petits choux qui agrémentent les dégustations de vins en cave ou les apéritifs et que l'on sert aux convives tièdes ou froids.

Pour une quarantaine de petits choux

- 50 cl de lait
- 150 g de beurre
- 250 g de farine
- 8 œufs (dont 1 pour la dorure)
- 150 g de gruyère
- 2 cuillères à soupe de crème
- sel, poivre

Préparation : 20 minutes
Cuisson : 30 minutes

- Dans une casserole, mettre le lait, un peu de sel, le poivre et le beurre. Faire doucement bouillir.
- Hors du feu, incorporer la farine tamisée en remuant énergiquement avec une cuillère en bois.
- Remettre 2 mn sur le feu en remuant vigoureusement avec la cuillère afin de dessécher la pâte jusqu'à ce qu'elle n'adhère plus aux parois du récipient.
- Retirer la casserole du feu et incorporer 7 œufs un par un. La pâte ne doit pas être trop humide. Ajouter le gruyère (en dés, en lamelles ou râpé) puis la crème, en mélangeant le tout.
- Préchauffer le four à environ 180 °C. Beurrer une plaque (voire deux) recouverte de papier sulfurisé et y déposer la pâte en choux espacés. Dorer le dessus avec le dernier œuf battu et parsemer de gruyère.
- Cuire à four moyen de 25 à 30 mn. Il faut que le gruyère soit doré, la surface croustillante et l'intérieur moelleux.

Farinades au saint-nectaire

Très appréciées dans les montagnes auvergnates, les farinades sont des crêpes assez épaisses. Elles sont garnies de fromage tout frais, mais on peut le remplacer par de la ciboulette finement hachée. Le goût est alors différent, plus prononcé, mais tout aussi agréable au palais. Elles existent aussi en version sucrée.

- Préparer la pâte en mélangeant au fouet farine, sel et œufs.
- Délayer avec le lait et l'huile. Laisser reposer 30 mn.
- Graisser une poêle avec un tampon de papier absorbant imbibé d'huile.
- Quand la crêpière est bien chaude, verser une louche de pâte et laisser dorer.
- Baisser le feu et parsemer de tout petits dés de fromage.
- Laisser fondre légèrement, puis retourner la farinade pour dorer l'autre côté.

Version sucrée : ces farinades peuvent être servies au dessert. On les garnit alors de pommes coupées en très fines lamelles. Parsemées de sucre en poudre, il faut les cuire au beurre, à la poêle, pendant 5 minutes. En verser alors trois bonnes cuillères également réparties sur la pâte avant la cuisson de la seconde face de la farinade. C'est délicieux.

Préparation : 10 minutes
Repos : 30 minutes
Cuisson : 3 minutes environ

Pour 6 personnes

- 250 g de farine
- 4 œufs
- 1 pincée de sel
- 50 cl de lait
- 1 cuillère à soupe d'huile
- 200 g de saint-nectaire

Œufs en meurette

La meurette, fruit d'une lente réduction, n'est autre que cette sauce bourguignonne réalisée à base de vin rouge que l'on utilise aussi dans la région en fond de cuisson pour les poissons et certaines viandes rouges.

Préparation : 50 minutes
Cuisson : 30 minutes
+ 3 minutes pour les œufs

Pour 4 personnes

- 200 g de lardons
- 1 oignon
- 50 g de beurre
- 1 bouquet garni
- 2 gousses d'ail
- 1 bouteille de vin rouge
- 25 cl de bouillon de bœuf
- 8 tranches de pain
- 8 œufs
- poivre

- Dans un peu de beurre, faire fondre les lardons avec l'oignon finement haché jusqu'à ce qu'il devienne transparent. Y ajouter le bouquet garni, une gousse d'ail écrasée et les 3/4 du vin.
- Ajouter alors le bouillon de bœuf et faire réduire le mélange des 2/3 sans porter à ébullition.
- Récupérer les lardons, passer la sauce au chinois et conserver au chaud.
- Faire griller les tranches de pain et les frotter avec la seconde gousse d'ail.
- Dans une casserole, faire mijoter la sauce meurette en y ajoutant le restant de vin rouge. Porter à ébullition, poivrer (éviter de saler, cela empêche la coagulation du blanc d'œuf).
- Casser les œufs les uns après les autres dans une louche. Les verser un à un d'un coup sec dans le liquide. Les faire pocher pendant 3 mn dans cette préparation.
- Les retirer délicatement à l'écumoire dans l'ordre de leur introduction dans la préparation (pour respecter le même temps de cuisson) et les égoutter.
- Supprimer alors les filaments blancs et disposer ces œufs sur chaque tranche de pain. Napper légèrement de sauce et servir.

Pochouse

Par le terme bourguignon de pochouse, dont l'orthographe peut varier en "pochouze", "pôchouse" ou encore "pauchouse", il faut entendre tout simplement matelote au vin blanc. À Chalon-sur-Saône, les archives de l'hôpital Saint-Louis détiennent l'une des recettes les plus fameuses, celle de Verdun-sur-le-Doubs, datant du XVIe siècle.

Pour 8 personnes

- 2,5 kg environ de poisson de rivière (perche, tanche, brochet, anguille…)
- 2 gousses d'ail
- 1 dizaine d'oignons grelots
- 2 bouteilles d'aligoté
- 1 branche de thym
- 1 feuille de laurier
- 1 bouquet garni
- 6 carottes
- 40 g de beurre
- 40 g de farine
- 1 dizaine de croûtons
- sel, poivre

Préparation : 20 minutes
Cuisson : 55 minutes

- Vider et écailler les poissons, les découper en tronçons de 5 à 6 cm et couper les têtes. Dépouiller et laver l'anguille si elle figure au menu. La couper en tronçons.
- Dans une marmite, disposer les gousses d'ail entières, les petits oignons et le vin. Faire revenir pendant 10 mn.
- Incorporer alors les queues et les têtes des poissons, le sel, le poivre, le thym, le laurier, le bouquet garni et les carottes épluchées. Couvrir et faire cuire une quinzaine de minutes en portant à ébullition puis réduire le feu. Filtrer le tout avec une écumoire.
- Verser le jus obtenu dans un récipient à part.
- Dans une casserole, mélanger le beurre et la farine jusqu'à obtenir une préparation homogène non colorée (roux blanc). Y ajouter le jus. Faire cuire la sauce obtenue pendant 15 mn.
- Disposer alors les morceaux de poissons et les oignons dans une sauteuse.
- Ajouter la sauce, saler, poivrer et laisser mijoter pendant 15 mn à feu doux.
- Faire dorer les croûtons avec un peu d'huile, puis les frotter avec de l'ail. En garnir le fond d'un plat.
- Disposer dessus les tronçons de poissons. Arroser avec la sauce.
- Servir très chaud.

Truites aux petits lardons

Belles, fuselées, au dos argenté, noir pointillé de rouge, elles se faufilent dans les ruisseaux, dans les rivières, dans les lacs de tous les massifs montagneux auvergnats, du nord au sud de la région. Délicieuses "à la meunière" (cuites au beurre), elles se prêtent à bien d'autres préparations. En voici une, aux petits... lardons! Prenez garde aux fines arêtes cachées dans les chairs.

Pour 6 personnes

- 6 belles truites fario
- 150 g de petits lardons découennés
- 2 cuillères à soupe de farine
- 50 g de beurre
- sel, poivre

Préparation : 15 minutes
Cuisson : 15 minutes

- Vider, laver, éponger les truites.
- Parsemer la farine sur un papier absorbant, y passer rapidement les poissons sur les deux faces.
- Secouer pour enlever l'excédent de farine.
- Faire fondre le beurre dans une poêle, y déposer les truites.
- Saler et poivrer légèrement.
- Laisser dorer 6 à 7 mn de chaque côté.
- Vérifier la cuisson : l'intérieur des poissons ne doit plus être rosé.
- À part, faire sauter les petits lardons dans une poêle, laisser dorer mais pas durcir. Enlever l'excès de gras.
- Servir les truites sur un plat chaud, entourées des lardons.

Falette

Ce plat "du dimanche" a un peu disparu et c'est fort dommage. Il s'agit d'une poitrine de veau désossée et farcie. Vous demanderez au boucher d'y ouvrir une poche où vous tasserez bien la farce. La falette peut se manger chaude, accompagnée de choux braisés. Elle se déguste également froide, avec une salade de pissenlits au lard et aux noix.

Pour 6 à 8 personnes

- 1,8 kg de poitrine de veau
- 2 escalopes de veau hachées
- 150 g de chair à saucisse
- les feuilles de 3 côtes de blette
- 4 oignons
- 2 gousses d'ail
- 3 cuillères à soupe de persil haché
- 1 pincée de thym
- 1 poignée de mie de pain trempée dans du lait
- 1 œuf
- 6 carottes moyennes
- 1 bouquet garni
- 50 cl de bouillon de veau
- 2 verres de vin blanc sec
- 50 g de beurre
- 2 cuillères à soupe d'huile
- sel et poivre

Préparation : 1 heure
Cuisson : 1 h 45

- Laver, éponger, hacher les feuilles de blette et les faire fondre dans le beurre chaud avec un oignon haché. Laisser refroidir.
- Dans une jatte, bien mélanger à la fourchette le veau haché, la chair à saucisse, l'ail finement haché, le persil, le thym, la mie de pain égouttée, l'œuf et le mélange blette-oignon.
- Saler et poivrer.
- Bien tasser dans la poche de la poitrine de veau, puis la coudre avec de la ficelle à brider.
- Badigeonner d'huile un grand plat, parsemer le fond de carottes et oignons coupés en lamelles fines, ajouter le bouquet garni.
- Poser la viande dessus et faire dorer au four à 210 °C, de tous côtés.
- Faire chauffer bouillon et vin, verser dans le plat.
- Couvrir d'un papier sulfurisé beurré et cuire 1 h 45 environ.
- Après cuisson, attendre un peu avant de découper la poche qui sinon, risquerait de s'ouvrir en laissant échapper la farce.
- Couper en tranches assez épaisses et arroser du jus de cuisson.

Coq au vin

Chaque région a sa recette de coq au vin à base d'ingrédients locaux, comme dans le Quercy, avec du vin de Cahors et de l'armagnac pour faire flamber la volaille. En terre bourguignonne, on privilégiera la volaille de Bresse et des vins fruités et épicés aux arômes de sous-bois comme certains côte-de-beaune…

Pour 4 personnes

- 1 coq de 2 kg
- 150 g de lard de poitrine non fumé
- 200 g de petits oignons
- 100 g de beurre
- 1 verre de marc de Bourgogne
- 1 bouteille de bourgogne rouge
- 2 gousses d'ail
- 1 bouquet garni
- 2 clous de girofle blanchis
- 200 g de champignons de Paris
- 1 cuillère de farine
- 8 tranches de pain
- sel, poivre

Préparation : 30 minutes - Cuisson : au moins 2 h 30

- Découper le coq en morceaux. Faire blondir ces morceaux dans 50 g de beurre avec les lardons de poitrine et les petits oignons épluchés. Arroser d'un verre de marc et faire flamber.
- Verser la bouteille de bourgogne (privilégier un vin typé). Ajouter sel, poivre, ail, bouquet garni et clous de girofle. Porter à ébullition.
- Laisser cuire ensuite doucement, en couvrant, 2 bonnes heures.
- Faire étuver au beurre les champignons entiers ou découpés s'ils sont trop gros.
- À la fin de la cuisson, retirer l'ail, le bouquet garni et les clous de girofle.
- Lier la sauce avec le reste de beurre manié avec un peu de farine. Ajouter les champignons et poursuivre la cuisson 20 mn.
- Faire griller les tranches de pain.
- Servir chaud après avoir dressé les morceaux de viande sur le pain et verser la sauce dessus.

Tendrons de veau braisés

Autrement appelée "tendrons de veau fermière", cette recette nécessite éventuellement de dégraisser au préalable les morceaux de viande. On dit que ce plat serait le préféré des chevillards bourguignons, avec sa viande tendre et goûteuse...

Préparation : 20 minutes
Cuisson : 1 h 30

Pour 4 personnes

- 4 beaux tendrons de veau
- 4 oignons
- 4 petites carottes
- 20 cl de vin blanc sec
- thym, laurier et bouillon de volaille
- 100 g de lard de poitrine maigre
- 60 g de beurre
- huile d'arachide
- sel et poivre

- Peler et émincer finement les oignons. Éplucher et détailler les carottes.
- Tailler le lard en gros dés, les faire blanchir et les égoutter.
- Chauffer 2 cuillères à soupe d'huile dans une cocotte à feu moyen. Disposer dedans, et à tour de rôle pour ne pas les entasser, les tendrons pour les faire dorer. Compter 5 mn environ pour chaque morceau. Saler et poivrer.
- Lorsqu'ils sont dorés, les retirer, jeter la graisse, puis les remettre dans la cocotte.
- Ajouter le vin, le thym et le laurier avec un peu de bouillon. Couvrir et faire mijoter pendant 1 h 15 en laissant le liquide frémir doucement.
- Pendant ce temps, dans une casserole, faire glacer séparément les oignons et les carottes à couvert dans du beurre.
- Faire rissoler les lardons avec un peu d'huile dans une poêle.
- Égoutter les tendrons et les mettre dans un plat.
- Dégraisser la cuisson. Entourer les morceaux de viande de la garniture.
- Napper de sauce et servir chaud.

Bœuf bourguignon

Riche de nombreux ingrédients, cette préparation reste un des plats traditionnels des tables familiales au temps des frimas de l'hiver. L'occasion de partager entre convives une bonne bouteille, autour d'un plat copieux...

Préparation : 15 minutes
Cuisson : au moins 2 heures

Pour 4 personnes

- 1 kg de sauté de bœuf
- 2 gros oignons
- 2 carottes
- 40 g de beurre
- 150 g de petits lardons
- 1 gousse d'ail
- 1 bouquet garni
- 1 bouteille de bourgogne rouge
- 250 g de petits champignons
- 1 cuillère à soupe de concentré de tomate
- 1 cuillère à soupe d'huile
- sel, poivre

- Découper les morceaux de viande en dés.
- Peler les oignons et les émincer. Éplucher les carottes et les couper en rondelles.
- Faire fondre 20 g de beurre dans une cocotte. Ajouter une cuillère à soupe d'huile et faire chauffer.
- Ajouter les oignons et les lardons. Laisser dorer sans roussir sur feu moyen en remuant. Retirer les oignons et les lardons.
- Mettre à dorer les morceaux de viande dans la cocotte en les remuant. Ajouter les lardons et les oignons. Poivrer et saler modérément.
- Peler et émincer la gousse d'ail. L'ajouter, ainsi que les carottes et le bouquet garni et mouiller au vin. Couvrir la cocotte.
- Laisser mijoter tranquillement pendant 2 h environ à feu moyen. Pendant ce temps, nettoyer les champignons, éventuellement les émincer.
- Les faire revenir dans une poêle avec le reste du beurre et une cuillère à soupe de concentré de tomate.
- 15 mn avant la fin de la cuisson, ajouter les champignons à la tomate. Retirer le bouquet garni et mélanger avec une cuillère en bois. Rectifier l'assaisonnement.
- Servir la viande bien chaude recouverte de sauce et entourée de sa garniture, avec des pommes de terre vapeur cuites séparément.

Steak au bleu d'Auvergne

Très facile à réaliser, cette recette exige de prélever une viande d'excellente qualité sur la plus tendre des bêtes du cheptel: pavé de bœuf de Salers, filet ou rumsteck. On laissera peut-être ce soin à son boucher préféré…

Pour 4 personnes

- 4 steaks d'environ 2 cm d'épaisseur
- 400 g de fromage bleu d'Auvergne
- 4 tranches de pain grillé
- 20 cl de crème épaisse
- 50 g de beurre
- sel, poivre

Préparation: 10 minutes
Cuisson: 25 minutes

- Enlever la croûte du fromage et tartiner de bleu les tranches de pain.
- Couper le reste du bleu en lamelles et les faire fondre dans une sauteuse, à petit feu.
- Ajouter la crème, saler et poivrer. Bien mélanger à la cuillère en bois.
- Laisser cuire doucement 15 mn.
- Faire fondre le beurre dans une poêle.
- Quand il est bien chaud, y cuire les steaks qui doivent rester saignants.
- Placer la viande sur un plat très chaud, napper de sauce et entourer des tartines.

Aligot

Originaire du plateau de l'Aubrac, ce plat était, jadis, servi par les moines aux pèlerins qui se rendaient à Saint-Jacques-de-Compostelle. Le pain qui, avec la tomme fraîche, constituait l'ingrédient de base, a été depuis remplacé par la pomme de terre. L'aligot est de toutes les fêtes traditionnelles dans le sud de l'Auvergne et l'Aveyron. Il est aussi appelé le ruban de l'amitié.

Préparation : 15 minutes
Cuisson : 45 minutes

Pour 6 personnes

- 1 kg de pommes de terre "vieilles"
- 50 g de beurre
- 20 cl de crème épaisse
- 2 gousses d'ail
- 500 g de tomme fraîche de Cantal
- sel, poivre

- Faire cuire les pommes de terre avec leur peau dans de l'eau bouillante salée pendant 20 à 25 mn.
- Les égoutter et les éplucher sans les laisser refroidir.
- Les réduire en purée.
- Incorporer beurre, crème, ail pilé, sel et poivre.
- Bien mélanger à la cuillère en bois.
- Ajouter la tomme coupée en fines lamelles en soulevant constamment le mélange à l'aide de la cuillère.
- Continuer à travailler pendant 10 mn sur feu très doux.
- On obtient une masse homogène qui se détache des parois de la cocotte et s'enroule en "filant" autour de la cuillère en bois. Très onctueux, l'aligot est alors prêt à être dégusté.

Potée auvergnate

Potées et bourrées sont les deux mamelles de l'Auvergne, c'est osé mais c'est connu.
Incontournable donc, ce plat peut être garni de viandes et de légumes quelque peu différents, selon qu'on vous la propose dans le Puy-de-Dôme (en Basse-Auvergne ou en "altitude"), dans le Cantal ou dans la Haute-Loire.
Voici la recette traditionnelle du massif du Mont-Dore et de ses environs.

Dessalage : 24 heures
Préparation : 30 minutes
Cuisson : 1 heure en cocotte-minute
(Compter 15 minutes supplémentaires pour cuire un talon de jambon, avant cuisson des autres ingrédients)

Pour 6 personnes

- 1 talon de jambon
- 6 côtes salées
- 300 g de lard de poitrine
- 1 saucisson frais
- 1 gros chou
- 6 grosses pommes de terre

- Faire tremper à l'eau froide le jambon, les côtes et le lard pendant 24 h.
- Effeuiller et laver le chou, le mettre à bouillir 5 mn pour le blanchir.
- Égoutter et rincer rapidement sous l'eau froide (il sera ainsi plus digeste).
- Emplir à demi d'eau la cocotte-minute et amener à ébullition.
- Faire cuire le talon de jambon 15 mn à partir de la rotation de la soupape.
- Ouvrir et rajouter les côtes et le lard débarrassés des restes de sel sous le robinet ainsi que les feuilles de chou. Refermer et laisser cuire 50 mn.
- Ouvrir à nouveau, rajouter le saucisson piqué avec une grosse aiguille et les pommes de terre épluchées que l'on enfoncera sous les feuilles de chou.
- Laisser cuire encore de 10 à 15 mn, selon la grosseur des légumes.
- Égoutter et découper les viandes. Retirer les pommes de terre et les feuilles de chou.
- Bien appuyer sur ces dernières avec une écumoire pour éliminer le bouillon.
- Les gourmands (ils sont légion, et pas seulement en Auvergne...) dégustent la potée en nappant les légumes d'un peu de beurre cru. Conserver le bouillon de cuisson pour la soupe. S'il reste du chou, il sera délicieux poêlé au beurre et parsemé d'un peu de cantal doux râpé.

Chou farci

Ce plat typique du Cantal est à mettre un pèlerin à genoux, à la condition qu'il aille jusqu'au bout de sa quête, soit au bout de la recette, en passant les tranches de chou farci au beurre dans une large poêle. Avant, nos grands-mères le cuisinaient au feu de bois, dans la cocotte de fonte noire posée sur un trépied au milieu de la cheminée. Aujourd'hui, on se contentera de la cuisson au four, dans une cocotte rouge !

Pour 6 personnes

- 1 chou lisse d'environ 1,2 kg
- 400 g de chair à saucisse
- 100 g de lard gras
- 400 g de veau (épaule ou sous-noix)
- 200 g de farine
- 4 œufs
- 25 cl de lait
- 2 cuillères à soupe d'huile
- 1 carotte
- 1 oignon
- 1 gousse d'ail
- 1 branche de persil
- sel, poivre

Préparation : 1 heure
Cuisson : 50 minutes

- Effeuiller et laver le chou. Le cuire 10 mn à l'eau bouillante salée.
- Égoutter bien en pressant avec une écumoire.
- Faire revenir à la poêle dans l'huile bien chaude le veau coupé en dés et la chair à saucisse.
- Faire un hachis grossier avec l'oignon, l'ail, le persil et les viandes revenues.
- Dans un saladier, mettre la farine, les œufs, une pincée de sel et délayer avec le lait en utilisant un fouet à main. On obtient une pâte à crêpes épaisse.
- Mélanger le farci à cette pâte. Bien remuer.
- Dans une cocotte en fonte, faire fondre le lard coupé en lamelles.
- Appuyer avec une fourchette pour bien extraire la matière grasse.
- Baisser le feu au maximum. Parsemer le fond de la cocotte de lamelles de carotte.
- Étaler une couche de feuilles de chou, puis une couche de pâte.
- Renouveler l'opération jusqu'à épuisement des ingrédients.
- Terminer par une couche de pâte. Mettre au four (210 °C) à découvert pendant 50 mn.
- Une fois cuite, la préparation a l'aspect d'un gros gâteau doré. Consommé à la sortie du four, ce chou farci est délicieux. Mais, conseil de connaisseur, il est encore meilleur froid. Il faut alors le découper en tranches épaisses que l'on fera dorer à la poêle, avec du beurre, sur les deux faces.

Galette de pommes de terre

Facile et rapide à réaliser, cette galette peut être accompagnée d'une salade verte, d'une viande grillée ou d'un peu de charcuterie.

Préparation : 15 minutes
Cuisson : 30 minutes

Pour 4 personnes

- 1 kg de pommes de terre
- 2 œufs
- 1 gousse d'ail
- 1 bouquet de fines herbes
- 50 g de beurre
- noix de muscade râpée
- sel, poivre

• Éplucher et laver les pommes de terre.
• Les râper avec une râpe à gros trous dans un récipient empli d'eau pour qu'elles ne noircissent pas, puis les rincer abondamment afin d'enlever l'amidon.
• Bien les sécher puis ajouter les œufs, l'ail et les fines herbes hachées. Mélanger le tout et assaisonner avec le sel et le poivre.
• Disposer ce mélange dans un plat à gratin préalablement beurré.
• Parsemer régulièrement de quelques noisettes de beurre et enfourner pendant 30 mn à 230 °C.
• Servir aussitôt cette grosse galette bien dorée !

Confiture d'oignons

La confiture d'oignons? Mais n'est-ce pas un succulent accompagnement du foie gras?
Une infidélité à la Bourgogne? Certainement pas, si l'on considère la place que tient ce fameux oignon dans cette cuisine...

Préparation : 10 minutes
Cuisson : 35 minutes

Pour 5 personnes

- 4 gros oignons
- 1 cuillère à café de miel
- 40 g de beurre salé
- 5 cl de vinaigre de xérès
- 1 cuillère à soupe de grenadine

- Peler les oignons et les découper en lamelles.
  Les faire cuire avec le miel et le beurre pendant 30 mn à feu doux.
  Remuer régulièrement.
- Déglacer avec le vinaigre, puis réduire jusqu'à la disparition du liquide.
- Incorporer le sirop de grenadine et laisser cuire 5 mn.
- Laisser refroidir.

Haricots à la bourguignonne

Cette recette simplissime accompagne à merveille des volailles rôties ou encore une bonne côte de bœuf. Le mélange d'oignons, de tomates et de lardons, enfermés pendant deux heures dans la cocotte, dégage de subtiles fragrances qui se marieront agréablement aux vins rouges d'Auxey-Duresses...

Pour 4 personnes

- 800 g de haricots verts
- 150 g de lard de poitrine
- 1 oignon
- 1 grosse tomate
- 15 g de beurre
- huile
- sel, poivre

Préparation : 20 minutes
Cuisson : 2 heures

- Laver, effiler et égoutter les haricots.
- Tailler le lard en bâtonnets. Peler et émincer l'oignon.
- Ébouillanter la tomate, la peler et la couper en tranches.
- Faire fondre le beurre et l'huile dans le fond d'une cocotte, y verser les lardons et les faire revenir en remuant avec une cuillère en bois.
- Ajouter l'oignon et poursuivre cette cuisson pendant 2 mn.
- Ajouter les haricots verts et la tomate. Mélanger. Laisser cuire à découvert 5 mn, puis couvrir.
- Laisser cuire à feu doux pendant 2 h. Rectifier l'assaisonnement si nécessaire.

Tarte tatin

Elle doit son nom à Stéphanie Tatin, cuisinière à l'hôtel-restaurant créé par son père, Jean Tatin, à Lamotte-Beuvron vers 1850. La légende raconte qu'ayant oublié de mettre la pâte de sa tarte aux pommes, elle ne l'ajouta... qu'à la fin, par-dessus les fruits caramélisés. En voici une version un peu longue à préparer mais ô combien délicieuse.

Préparation : 30 minutes
Cuisson : 1 h 20 au total

Pour 8 personnes

- 8 pommes golden
- 250 g de beurre
- 200 g de sucre
- 180 g de farine
- 75 g de noisettes concassées

- Éplucher, rincer et découper les pommes en tranches. Les disposer en couches superposées dans un moule à manqué beurré.
- Préchauffer le four à 200 °C.
- Dans une casserole, faire fondre 125 g de beurre. Dès qu'il est fondu, ajouter 125 g de sucre et cuire à feu doux jusqu'à obtention d'un caramel.
- Verser le caramel sur les pommes et faire cuire au four, pendant 1 h environ. On pourra arroser les pommes, en cours de cuisson, avec le caramel. Laisser refroidir. (Cette première étape peut se faire la veille)
- Mélanger du bout des doigts la farine et les noisettes avec 125 g de beurre ramolli ; ajouter le sucre restant (75 g) et un filet d'eau pour obtenir une pâte homogène. Réserver au frais.
- Lorsque les pommes sont refroidies, étaler la pâte dessus, en la faisant glisser sur les bords, vers le fond.
- Mettre à cuire au four 20 mn à 180 °C.
- Laisser tiédir avant de retourner la tarte sur un plat de service.

Pithiviers

Malgré leur ressemblance, ce gâteau ne doit pas être confondu avec la galette des rois, pour la raison essentielle que leurs garnitures diffèrent. Tous deux sont fourrés à la crème d'amandes, mais le pithiviers ne contient pas de crème pâtissière.

Préparation : 30 minutes
Repos : 1 h 15
Cuisson : 30 minutes

Pour 6 personnes

- 500 g de pâte feuilletée
- 1 jaune d'œuf
- sucre glace

Pour la crème d'amandes

- 200 g de poudre d'amandes
- 125 g de sucre
- 100 g de beurre ramolli
- 2 jaunes d'œufs
- 1 cuillère à café de rhum (ou de kirsch)

- Partager la pâte en 2 parts égales. Abaisser chaque part en 1 disque d'une épaisseur de 5 mm. Réserver au frais sur une plaque à pâtisserie humide.
- Préparer la crème en mélangeant bien la poudre d'amandes avec le sucre, ajouter le beurre en pommade puis les jaunes d'œufs un à un sans cesser de remuer.
- Quand elle est blanche, ajouter le rhum (ou le kirsch).
- La mettre 1 h au réfrigérateur puis l'étaler sur un des disques de pâte feuilletée en laissant une bande d'environ 3 cm tout autour.
- Humecter cette bande avec de l'eau et poser le second disque sur la crème en appuyant sur les bords pour les souder.
- Mettre au réfrigérateur 15 mn et préchauffer le four à 220 °C.
- Sortir le gâteau et inciser les bords avec la pointe d'un couteau. Dessiner des arcs de cercle du centre jusqu'à l'extrémité des festons. Badigeonner au jaune d'œuf avec un pinceau.
- Faire cuire 10 mn à 200 °C puis 20 mn à 180 °C.
- Saupoudrer le pithiviers de sucre glace avant de le passer sous le gril le temps de glacer la surface.
- Laisser tiédir avant de servir.

Millard

Voici une variation sur le thème du classique clafoutis.
Différence notable, le millard demande une pâte beaucoup plus liquide. Le millard aux cerises est le plus connu mais il peut aussi être garni, l'automne venu, de mûres de ronces ou même de grains de raisin blanc. Un régal.

Pour 6 personnes

- 750 g de petites cerises noires
- 4 œufs
- 80 g de sucre semoule
- 1 cuillère à soupe de beurre fondu
- 75 g de farine
- 25 cl de lait
- 1 pincée de sel

Préparation : 10 minutes
Cuisson : 30 minutes

- Équeuter les cerises, les laver sous le robinet dans une passoire, les sécher en les roulant sur du papier absorbant. Ne pas les dénoyauter car elles perdraient tout leur jus et leur goût.
- Mélanger au fouet à main dans un saladier œufs, sucre, sel, beurre fondu et farine.
- Délayer avec 1 verre d'eau et le lait.
- Disposer les cerises dans un plat à four non métallique.
- Verser lentement la pâte entre les fruits qu'il faut bien répartir.
- Cuire à four moyen (180 ° C) pendant 30 mn.
- Dès la sortie du four, saupoudrer légèrement de sucre.
  À savourer tiède mais surtout pas froid.

Tarte au cassis

Le phylloxera ayant détruit une partie du vignoble bourguignon, il fallut trouver alors de nouvelles sources de revenus. Les viticulteurs du pays nuiton se lancèrent alors dans la culture des petits fruits rouges comme le cassis, la framboise ou la groseille. Le premier trouve encore aujourd'hui un débouché renommé mélangé avec un vin blanc aligoté dans la préparation du kir... ou d'une tarte aux fameuses baies.

Préparation : 20 minutes
Cuisson : 35 minutes

Pour 6 personnes

- 1 bol de baies de cassis
- 250 g de pâte brisée
- 3 jaunes d'œufs
- 100 g de sucre
- 25 g de farine
- 200 g de crème fraîche épaisse

- Préchauffer le four à 200 °C.
- Équetter les baies de cassis, les laver et les égoutter.
- Abaisser la pâte brisée sur un moule à tarte et piquer le fond avec une fourchette. Mettre à cuire à blanc pendant 10 mn.
- Pendant ce temps, séparer les blancs des jaunes d'œufs. Dans un saladier, battre les jaunes avec le sucre et la farine.
- Ajoutez la crème fraîche et mélanger le tout pour obtenir une pâte homogène.
- Sortir la tarte du four, laisser refroidir quelques minutes et garnir le fond avec une couche de baies.
- Verser la préparation sur la pâte et rajouter le reste des fruits.
- Enfourner à nouveau et faire cuire pendant encore 20 mn.

Pain d'épice

La légende rapporte que le pain d'épice aurait été ramené à Dijon de Flandre par le duc Philippe le Bon. Mais il ne s'agit alors que d'une pâtisserie à base de miel et de farine de millet. Il faut attendre le début du XVIIIe siècle pour que le pain d'épice trouve ses lettres de noblesse dans la capitale ducale.

Préparation : 10 minutes
Cuisson : 45 minutes

Pour 4 personnes

- 20 cl de lait
- 125 g de miel
- 1 sachet de levure
- 250 g de farine
- 125 g de sucre en poudre
- 1 cuillère à café d'anis vert
- 1 cuillère à café de muscade râpée
- 1 cuillère à café de cannelle en poudre
- 1 cuillère à café de gingembre en poudre
- 1 cuillère à café de 4-épices
- 1 cuillère à café d'eau de fleur d'oranger
- 1 pincée de sel

- Préchauffer le four à 150 °C.
- Beurrer un un moule à cake ou le garnir de papier sulfurisé.
- Porter le lait à ébullition. Y ajouter le miel et la levure.
- Dans un saladier, disposer la farine en fontaine : en son centre, verser le sucre, le lait, une pincée de sel, les épices et l'eau de fleur d'oranger. Bien mélanger jusqu'à obtenir une pâte homogène.
- Remplir le moule à mi-hauteur. Mettre au four environ 45 mn.
- Démouler chaud.

Brioche à la tomme de Saint-Nectaire

"Qu'est-ce que c'est gourmand d'œufs, ce machin-là!", disait autrefois la grand-mère de ma mère en enfournant la grosse couronne au four de son boulanger de mari. De toutes les fêtes dans le massif du Mont-Dore, cette brioche exige une tomme très ferme, bien pressée. D'une forme couronnée, "dans le temps", on la cuit aujourd'hui dans un grand moule à cake. Elle garde quand même le goût particulier et rare de la tomme de Saint-Nectaire.

Préparation : 15 minutes
Cuisson : 50 à 60 minutes

Pour 6 personnes

- 500 g de tomme de Saint-Nectaire
- 6 gros œufs
- 150 g de sucre semoule
- 50 g de sucre vanillé
- 300 g de farine
- 1/2 paquet de levure

- Émietter grossièrement la tomme entre les doigts dans un grand saladier.
- Ajouter les œufs et les sucres.
- Bien mélanger à la cuillère en bois.
- Verser alors la farine (si la pâte semble trop liquide, en rajouter de 50 à 75 g).
- Mélanger pour avoir une préparation homogène.
- Parsemer de levure en poudre et remuer encore la pâte.
- Verser dans un grand moule à cake (ou un moule à biscuit aux bords hauts) préalablement beurré.
- Cuire à four moyen (180° C) pendant 40 mn.
- Baisser un peu le four, laisser encore de 10 à 20 mn pour cuire l'intérieur du gâteau. Pour s'assurer que la brioche est assez cuite, planter au milieu un couteau pointu, la lame doit ressortir sèche.
- Le déguster après complet refroidissement. À consommer dans les trois jours. Le gâteau un peu rassis n'en sera que meilleur.

Languedoc-Roussillon
Aquitaine
Midi-Pyrénées

Soupe aux crabes verts

Il est très facile de trouver ces petits crabes verts virant légèrement au rouge minium, au bord de l'eau sur le bassin d'Arcachon.
Les enfants se font une joie de les ramasser avec leurs épuisettes !
Leur goût légèrement musqué et âcre est anobli par l'accommodement en soupe.

Pour 4 personnes

- 2 kg de crabes verts
- 3 poireaux coupés en rondelles
- 2 oignons
- 3 gousses d'ail finement haché
- 1 branche de fenouil
- laurier
- concentré de tomates en boîte
- safran
- huile d'olive
- croutons
- fromage râpé
- facultatif : 1 pincée de salicorne (algue)
- sel, poivre

Préparation : 20 minutes
Cuisson : 20 minutes

- Rincer abondamment les crabes. Les couper en deux au hachoir.
- Dans un faittout, faire chauffer l'huile d'olive et y faire revenir les poireaux, les oignons émincés et l'ail. Ajouter fenouil et laurier.
- Dès que les légumes sont tendres et l'oignon doré, vider la petite boîte de concentré de tomates dans le récipient, mélanger puis ajouter les crabes.
- À l'aide d'une cuillère en bois, concasser les crabes en maintenant la cuisson à feu doux.
- Ajouter dans le récipient 2 à 3 l d'eau, porter à ébullition et laisser bouillir pendant 20 mn.
- Passer la soupe au chinois. Passer les légumes et les crabes au moulin à légumes. Verser l'ensemble dans une grande casserole, rectifier l'assaisonnement en sel et poivre, puis ajouter le safran préalablement fondu dans une goutte d'eau tiède. Faire réchauffer.
- Server avec des croûtons et du fromage râpé.
- Si vous trouvez de la salicorne, très facile à couper à marée basse dans le bassin d'Arcachon, ou chez les commerçants, elle fera office de salade très parfumée et iodée pour accompagner ce plat.

Soupe aux huîtres

Fer, phosphore, magnésium, zinc, tous ces éléments se trouvent dans l'huître. Elle a de surcroît la réputation d'être aphrodisiaque ! Sa saveur est incomparable, mais son goût diffère selon qu'elle provient de Normandie, de Bouzigues dans le Sud-Est ou du bassin d'Arcachon. Quelle que soit leur origine, toutes ces huîtres conviendront à l'élaboration de cette soupe.

Préparation : 10 minutes
Cuisson : 35 minutes

Pour 4 personnes

- 2 douzaines d'huîtres
- 1 branche de céleri
- 1 oignon
- 40 g de beurre
- 2 cuillères à soupe de crème épaisse
- 3 cuillères à soupe de lait
- 2 cuillères à soupe de farine
- 50 cl de court-bouillon
- 2 cuillères à soupe de vin blanc sec
- 1 cuillère à café de piment d'Espelette
- 1 bouquet de cerfeuil
- 4 croûtons de pain grillé
- sel, poivre

- Ouvrir les huîtres en réservant leur eau. Mettre les huîtres décortiquées dans un récipient.
- Laver et couper le céleri en tronçons de 4 cm. Peler et émincer l'oignon.
- Faire revenir oignon et céleri dans une casserole avec le beurre jusqu'à ce que l'oignon soit transparent. Ajouter la crème fraîche, le lait et la farine. Remuer vivement l'ensemble. Verser le court-bouillon. Saler, poivrer, porter à ébullition. Laisser mijoter 20 mn.
- Dans une autre casserole, faire chauffer le vin blanc. Laisser bouillir quelques secondes pour laisser s'évaporer l'alcool. Verser les huîtres et leur eau, laisser pocher 5 mn. Verser l'ensemble dans le court-bouillon. Ajouter une pincée de piment d'Espelette et le cerfeuil haché.
- Servir chaud avec les croûtons.

Tourain

Cette soupe paysanne, cuisinée dans tout le Sud-Ouest avec de nombreuses variantes était, dans le temps, servie aux jeunes mariés. Elle était censée faire des miracles pendant la nuit de noces. Heureusement elle n'est pas réservée à eux seuls!

Préparation : 7 minutes
Cuisson : 25 minutes

- Éplucher et émincer ail et oignons.
- Dans une casserole, les faire suer à la graisse 5 mn.
- Ajouter le bouillon (ou l'eau), sel, poivre et maintenir une petite ébullition pendant 20 mn.
- Baisser l'intensité du feu et verser 2 blancs d'œufs dans le bouillon en remuant la marmite pour qu'ils s'effilochent en coagulant.
- Dans un bol, délayer les 3 jaunes d'œufs avec le vinaigre ; les chauffer avec une louchée de bouillon et les verser dans la marmite hors du feu.
- Tremper le tourain en versant le contenu de la marmite dans la soupière garnie de fines tranches de pain rassis.

Pour 4 personnes

- 6 gousses d'ail
- 3 oignons
- 2 cuillères à soupe de graisse d'oie
- 1 l de bouillon de veau (ou eau)
- 3 œufs
- 1 cuillère de vinaigre
- pain rassis
- sel, poivre

Garbure gasconne

La garbure était l'aliment quotidien des paysans gascons. Cette soupe a l'avantage d'être un plat complet, convivial et très parfumé. Il existe un grand nombre de variantes en fonction des légumes de saison. Cette recette vous initiera à l'art de faire "chabrot" c'est-à-dire de verser un peu de vin rouge dans le bouillon qui reste au fond de l'assiette

Pour 6 personnes

- 300 g de ventrèche
- 1 talon de jambon
- 3 morceaux de confit de canard ou d'oie
- 1 cuillère à soupe de graisse de canard ou d'oie
- 2 poignées de haricots secs (des tarbais)
- 2 poireaux
- 1 petit chou vert
- 3 carottes
- 1 petit navet
- 2 pommes de terre
- 1 branche de céleri
- 1 oignon
- 1 clou de girofle
- 3 gousses d'ail
- 1 grosse tomate de Marmande
- 1 cuillère à café de piment d'Espelette
- 4 tranches de pain de campagne
- gros sel, poivre

Préparation : 40 minutes - Trempage : 8 heures
Cuisson : 2 h 45

- La veille, mettre les haricots dans de l'eau froide avec une pincée de bicarbonate.
- Le lendemain, couper la ventrèche en petits carrés de 2 cm de côté. Laver et couper les poireaux en tronçons. Enlever le trognon du chou vert et découper ce dernier en lanières. Le plonger ensuite dans l'eau bouillante pour le blanchir afin qu'il soit digeste. Éplucher carottes, navet, pommes de terre, céleri. Couper le tout en morceaux (très fins pour le céleri).
- Peler l'oignon et y planter le clou de girofle. Peler, dégermer et écraser l'ail.
- Dans un grand faitout ou une cocotte en fonte, faire revenir les morceaux de ventrèche. Lorsqu'ils ont pris une couleur noisette, ajouter 1 cuillère de graisse, puis les légumes y compris les haricots secs ainsi que la tomate et laisser cuire 15 mn à feu moyen en remuant souvent.
- Mouiller jusqu'à ce que le tout soit largement couvert. Ajouter le talon de jambon, un morceau de confit, l'oignon. Saler légèrement, poivrer et pimenter. Laisser mijoter à couvert pendant 2 h 30.
- 15 mn avant la fin, introduire le reste du confit.
- Servir dans chaque assiette sur une tranche de pain de campagne, en mettant la viande à part.

Soupe tomates et haricots

Une soupe d'été, relevée nourrissante et substantielle, traditionnelle en Périgord, une soupe toute simple. Appréciable et appréciée, que demander de plus que d'y goûter.

Préparation : 30 minutes
Cuisson : 45 minutes

Pour 6 personnes

- 1 kg de haricots frais (Soissons, si possible)
- 1 grosse poignée de haricots mange-tout
- 250 g de lard
- 4 ou 5 tomates
- 1 oignon
- 2 gousses d'ail
- persil
- 1 cuillère à soupe de graisse d'oie (ou d'huile)
- thym, laurier
- sel, poivre

- Écosser les haricots frais.
- Faire bouillir 3 l d'eau dans une marmite.
- Ajouter les haricots égrenés et les mange-tout.
- Saler, poivrer, mettre thym et laurier.
- Hacher finement ail, persil et lard gras et les jeter dans le bouillon.
- Laver les tomates, les épépiner, les couper en quartiers.
- Les faire rissoler dans la matière grasse avec l'oignon coupé en lamelles.
- Ajouter cette préparation au bouillon.
- Avant de servir cette soupe d'une belle couleur rouge, bien écraser les tomates à la fourchette. Elles feront ressortir le fondant des haricots en veloutant le palais des gourmands.

Sardines à l'arcachonnaise

Oui c'est vrai ! Les sardines grillées ont mauvaise réputation à cause de l'odeur ! Mais, entre nous, quand elles sont bien préparées avec originalité, comme c'est le cas sur le bassin d'Arcachon... on n'hésite pas !

Pour 4 personnes

- 16 sardines
- 8 tomates de Marmande
- 3 cuillères à soupe d'huile d'olive
- 100 g de beurre
- 2 branches de persil plat
- estragon, cerfeuil haché
- 8 croûtons
- sel, poivre

Préparation : 10 minutes
Cuisson : 15 minutes

- Couper une tranche de chaque tomate côté pédoncule. Faire sortir jus et pépins, nettoyer l'intérieur, poivrer, saler.
- Enfourner et faire cuire à 150 °C pendant 5 mn. Égoutter les tomates à la sortie du four.
- Pendant ce temps, faire griller les sardines 5 mn de chaque côté, puis détacher les filets et les diviser en deux ou trois parties.
- Lier les sardines à un beurre maître d'hôtel confectionné avec beurre, persil, poivre.
- Garnir l'intérieur des tomates avec les filets de sardines, l'estragon, le cerfeuil.
- Placer sous chaque tomate un croûton frit au beurre.

Salade de pommes de terre à la morue

À la Porte des Salinières à Bordeaux, les poissonniers préparent et salent les filets de morue sur les quais depuis le VIIIe siècle. Les Girondins fêtent ce poisson chaque année au pied de la "Sécheuse de Morue", une sculpture de six mètres de haut, orgueil de la ville de Bègles. La recette qui suit était considérée jusqu'au début du siècle dernier comme un plat de pauvres.

Pour 4 personnes

- 400 g de filets de morue salée
- 600 g de pommes de terre à chair ferme
- 1 botte de persil plat haché
- 1 cuillère à soupe de ciboulette hachée très fin
- 1 feuille de laurier
- 1 gousse d'ail écrasée
- 3 œufs durs
- 4 cuillères à soupe d'huile d'olive
- 1 cuillère à soupe de vinaigre de vin vieux
- 75 cl de lait
- sel, poivre

Trempage : 15 heures
Préparation : 30 minutes
Cuisson : 30 minutes

- Dessaler la morue en la faisant tremper pendant 15 h dans un récipient d'eau froide. Renouveler l'eau trois ou quatre fois.
- Le lendemain, éplucher les pommes de terre les laver, puis les cuire à la vapeur dans une cocotte pendant 8 mn.
- Plonger la morue dans un récipient rempli de lait, ajouter la feuille de laurier, amener presque à ébullition puis baisser le feu et laisser frémir 20 mn. Laisser pocher à feu éteint.
- Égoutter le poisson, enlever les arêtes et la peau, émietter, poivrer.
- Écaler les œufs durs puis les écraser à la fourchette.
- Préparer la vinaigrette dans un bol : mélanger huile d'olive, vinaigre, ciboulette, persil, ail et ajouter les œufs écrasés. Saler.
- Mélanger morue et vinaigrette, servir tiède accompagné des pommes vapeur persillées.

Escargots à la caudéranaise

L'escargot est l'emblème de Caudéran, ancienne banlieue chic de Bordeaux qui fut rattachée à la ville dans les années soixante pour devenir l'un de ses quartiers. Cette spécialité régionale se déguste traditionnellement le mercredi des Cendres.

Préparation : 20 minutes
Cuisson : 1 h 15

Pour 4 personnes

- 1 kg de petits-gris
- 250 g de ventrèche (à défaut des lardons tout prêts)
- 2 tranches de jambon de Bayonne
- 10 échalotes
- 100 g de mie de pain (rassis de préférence)
- 1 verre de vin blanc sec
- 1 l de bouillon (poule ou bœuf)
- 1 bouquet de persil plat
- 1 feuille de laurier
- 1 branche de thym frais
- 2 gousses d'ail
- sel, poivre

- Faire jeûner les escargots au moins une semaine dans une cage.
- Les ébouillanter pendant 2 mn, puis les poser sur du papier absorbant.
- Pendant qu'ils sèchent, faire fondre, dans une sauteuse, la ventrèche coupée en petits dés, le jambon haché, les échalotes émincées. Remuer doucement jusqu'à obtention d'une jolie couleur noisette blonde.
- Ajouter la mie de pain et mélanger.
- Mouiller au vin blanc, laisser bouillir pour que l'alcool s'évapore et ajouter le bouillon ainsi que le persil, le laurier, le thym et l'ail écrasé.
- Mettre les escargots avec leur coquille.
- Saler, poivrer. Faire cuire à petits bouillons pendant 1 h.

Pipérade

Un verre de madiran, de buzet ou d'irouléguy et un morceau de fromage de brebis entrent parfaitement en conversation avec la piperade. En revanche, on se méfiera des ingrédients intrus tels que poivrons, thym ou laurier, qui dénaturent les saveurs de LA recette basque !

Pour 4 personnes

- 10 piments d'Anglet, verts et doux
- 1 petit piment d'Espelette, fort
- 4 oignons
- 2 gousses d'ail
- 5 tomates bien mûres
- 4 œufs
- 4 cuillères à soupe d'huile d'olive
- sel, poivre

Préparation : 15 minutes
Cuisson : 30 minutes

- Passer les piments doux au four jusqu'à ce que leur peau se fripe, sans les brûler.
- Les éplucher puis les couper dans le sens de la longueur. Réserver.
- Dans une grande poêle, mettre l'huile d'olive à chauffer et ajouter les oignons coupés en fines rondelles.
- Laisser blondir 5 mn. Incorporer les piments, l'ail haché très fin et cuire à feu doux en remuant souvent, le temps d'éplucher les tomates. Les couper en lamelles en prenant soin de retirer les graines. Les ajouter à la préparation.
- Saler et poivrer, mettre un peu de piment d'Espelette (doser selon les goûts). Bien mélanger et laisser mijoter 20 mn en remuant de temps en temps.
- Incorporer les œufs l'un après l'autre en deux tours de fourchette…
- Servir avec des tranches de jambon de Bayonne poêlées aller/retour au dernier moment.

Salade de gésiers

Rendons au Périgord ce qui lui revient de droit : la salade de gésiers !
Elle est devenue l'incontournable des cartes de restaurants en France et ailleurs, car elle mélange agréablement salade et volaille, deux ingrédients qui ne font défaut nulle part. Mais au royaume du palmipède, la salade devient reine...

Pour 6 personnes

- 1 scarole (ou 1 chicorée frisée) et 1 trévise
- 300 g de gésiers confits
- graisse du confit
- 3 poignées de petits dés de pain frit
- 3 cuillères à soupe d'huile de noix
- 1 cuillère à soupe de vinaigre
- 150 g de noix hachées
- sel, poivre

Préparation : 15 minutes

- Laver et essorer les salades.
- Découper les gésiers en petits quartiers, les réchauffer dans la graisse d'oie sans laisser durcir.
- Préparer chaque assiette en mettant d'abord un lit de salade verte, décorer avec des feuilles rouges de trévise et des croûtons frits.
- Préparer une vinaigrette en mélangeant vinaigre, huile de noix, sel et poivre. La répartir sur la salade puis ajouter les gésiers chauds.
- Parsemer de noix hachées que l'on peut remplacer par des pignons de pin, ce qui est plus original et tout aussi bon.

Foie gras entier truffé

Que dire d'un classique sinon qu'il est incontournable, que dans le Périgord chaque famille truffe les foies gras frais à sa façon, et que révéler une de ces recettes, c'est comme pousser du pied la porte d'entrée d'un logis, pénétrer dans l'intimité du lieu, voler un peu de l'âme du pays...
Mais pour une telle bonne cause, que ne ferait-on pas...

Pour 8 personnes

- 1 foie d'oie frais de 850 g
- 1 grosse truffe (ou 2 moyennes)
- 200 g de barde de lard gras
- 1 verre à liqueur d'armagnac
- sel, poivre

Préparation : 1 heure
Repos : 24 heures + 1 heure
Cuisson : 35 minutes

- Enlever délicatement la peau extérieure du foie et, éventuellement, la poche à fiel.
- Ouvrir légèrement les lobes pour ôter nerfs et vaisseaux sanguins.
- Peser alors le foie, le saler à raison de 10 g de sel pour 500 g.
- Poivrer, mouiller avec l'alcool et malaxer doucement jusqu'à absorption complète.
- Mettre le foie en terrine, tasser et déposer dans le bas du réfrigérateur pendant 24 h.
- Sortir le foie, ajouter quelques gouttes d'armagnac et remettre au frais pendant encore 1 h .
- Brosser la truffe, la détailler en petits dés très fins.
- Tapisser la terrine de cuisson avec la barde de lard jusqu'aux bords du récipient.
- Inciser le foie dans la longueur, écarter et répartir les morceaux de truffe.
- Refermer, égaliser l'ouverture au couteau pour obtenir une surface bien lisse.
- Recouvrir d'un morceau de barde et couvrir la terrine.
- Préparer un bain-marie, placer la terrine dedans et mettre au four pour 35 mn à 210 °C

Œufs pochés au médoc

Cette recette très simple est idéale pour le déjeuner du dimanche.
Pas trop de travail, mais de la méthode.
Un repas léger et raffiné vous attend.

Préparation : moins de 10 minutes
Cuisson : 30 minutes

- Faire fondre le beurre dans une casserole et y jeter les échalotes après les avoir émincées finement. Faire suer à feu doux une dizaine de minutes, ajouter le vin, saler, poivrer et laisser mijoter pendant 15 mn.
- Couper le pain en petits carrés. Dans une poêle, faire chauffer l'huile d'olive puis y faire dorer le pain.
- Casser les œufs et les pocher 4 ou 5 mn dans le vin chaud. Pour éviter de rater le pochage, mettre chaque œuf dans une cuillère et les descendre doucement dans le vin.
- Retirer les croûtons de pain dès qu'ils sont dorés et les égoutter sur du papier absorbant.
- Verser dans chaque assiette un peu de sauce à l'échalote. Retirer les œufs à l'aide d'une écumoire et les déposer délicatement sur chaque assiette au milieu de la sauce. Garnir de croûtons dorés et de lardons grillés.

Pour 4 personnes

- 30 g de beurre
- 5 échalotes
- 30 cl de vin du Médoc
- 4 tranches de pain de campagne
- 6 cuillères à soupe d'huile d'olive
- 8 œufs
- 100 g de lardons grillés
- sel, poivre

Œufs cocotte au foie gras

Cuisine vite faite qui demande de casser les œufs du jour d'un seul coup vif pour fendre la coquille sans la faire éclater afin qu'aucune parcelle ne tombe dans les œufs. Et quel délice!

Pour 4 personnes

- 2 cuillères de graisse d'oie
- 8 œufs
- 100 g de foie gras
- 2 cuillères de coulis de tomates
- sel, poivre

Préparation : 5 minutes
Cuisson : 7 minutes

- Enduire de graisse des cassolettes ou de gros ramequins.
- Casser 2 œufs dans chaque cassolette. Saler, poivrer.
- Introduire entre les œufs de petits cubes de foie gras salés et poivrés.
- Placer les cassolettes dans un bain-marie frémissant et laisser cuire sur le feu 7 mn avec couvercle.
- Présenter avec une perle de coulis de tomate au centre de chaque cassolette.

Omelette aux truffes

L'alliance de l'œuf offert par dame Poulette avec le Tuber mélanosporum bien caché dans sa truffière n'est pas forcément contre-nature. La preuve...

Préparation : 10 minutes
Cuisson : 4 à 5 minutes

Pour 4 personnes

- 6 gros œufs
- 1 truffe plus un peu de jus
- 1 cuillère à soupe de graisse d'oie
- sel, poivre

- Brosser la truffe, en réserver une tranche. Râper grossièrement le reste.
- Casser les œufs, les battre avec sel et poivre, ajouter la truffe râpée et le jus.
- Cuire dans une grande poêle dans laquelle la graisse d'oie a fondu à feu vif.
- Verser la préparation, tourner rapidement en spirale avec la fourchette. Cette omelette doit rester moelleuse.
- La faire glisser sur un plat et décorer le dessus avec la tranche de truffe.
- Servir avec une bonne salade verte.

Brandade de morue

La capitale de l'Aquitaine traitait au XIXe siècle plus de 70 % de la morue en France. Devenu port morutier en 1921, Bordeaux perdit progressivement toute cette activité dans les années 1970. Heureusement, la brandade reste l'un des plats favoris des Girondins !

Pour 4 personnes

- 500 g de morue
- 3 cuillères à soupe d'huile d'olive
- 1/2 verre de lait ou de crème
- 1 gousse d'ail
- 1 pincée de piment d'Espelette

Dessalage : 12 heures (à faire la veille)
Préparation : 1 heure
Cuisson : 25 minutes

- La veille, dessaler la morue à l'eau froide. Renouveler l'eau plusieurs fois. Vous observerez que le sel se diffusant dans l'eau, la chair se réhydrate en prenant une teinte plus beige.
- Pocher la morue à faible ébullition ente 8 et 10 mn en vérifiant la cuisson.
- Pendant ce temps, peler et écraser l'ail.
- Égoutter la morue. Enlever les arêtes. Ôter la peau et les tissus nerveux.
- Retirer à l'aide d'un couteau tout ce qui vous semble racorni.
- Effeuiller la chair entre les doigts en finissant d'enlever les petites arêtes.
- Faire chauffer de l'huile dans une sauteuse. Ajouter la morue, brasser avec une cuillère en bois pour bien saisir la chair. Après 3 à 4 mn, baisser le feu.
- Verser ensuite en remuant régulièrement, tour à tour le lait et l'huile jusqu'à obtention d'une pâte proche d'une purée faite à la main. Ajouter l'ail écrasé et le piment.
- Ce plat se déguste avec une purée de pommes de terre, des croûtons frits et, pour ceux qui aiment, de la rouille.

Lamproie à la bordelaise

Pêchée en rivière, la lamproie est un poisson de mer. Elle remonte les rivières pour frayer au printemps. Ce plat, spécialité bordelaise, est de préparation délicate : la lamproie, dont la chair est fine, ne se dépouille pas, elle se limone. Bon appétit.

Préparation : 1 h 20
Cuisson : 2 heures

Pour 5 personnes

- 1 lamproie de 1 kg
- 1 bouteille de médoc rouge
- 6 poireaux
- 3 carottes
- 5 échalotes
- 10 cl d'huile d'arachide
- 1 tranche de jambon de Bayonne
- 50 g de farine
- bouquet garni
- 1 carré de chocolat noir
- sel, poivre

- Plonger la lamproie vivante dans de l'eau bouillante puis dans de l'eau fraîche. Bien la nettoyer en la grattant au couteau. La suspendre par la bouche et la saigner pour recueillir le sang dans une jatte. Enlever le nerf qui tient lieu d'arête puis détailler en tronçons de 6 cm.
  Égoutter, essuyer.
- Faire suer les poireaux émincés et coupés en bâtonnets de 8 cm. Gratter les carottes et les couper en petites rondelles. Peler et hacher les échalotes.
- Faire chauffer 8 cl d'huile dans une grande cocotte. Couper le jambon en lamelles. Mettre d'abord tous les légumes dans la cocotte et remuer pendant quelques minutes avant d'ajouter le jambon.
- Passer les morceaux de lamproie dans la farine et les mettre dans la cocotte pendant 3 mn en mélangeant.
- Enlever la cocotte du feu, retirer les morceaux de lamproie et les réserver. Verser le vin rouge dans la cocotte, mélanger puis remettre cette dernière sur le feu. Porter à ébullition pour que l'alcool s'évapore puis réduire le feu. Ajouter le bouquet garni, couvrir et laisser mijoter pendant 20 mn.
- Saler et poivrer abondamment les morceaux de lamproie, les remettre dans la cocotte. Laisser cuire encore environ 10 mn en laissant frémir.
- Égoutter alors les morceaux de lamproie, les légumes, et disposer l'ensemble dans un plat creux. Réserver au chaud.
- Verser le sang dans la cocotte et ajouter le carré de chocolat coupé en petits morceaux. Lier la sauce hors du feu en remuant au fouet. Ôter le bouquet garni et arroser le poisson avec la sauce ainsi obtenue

Saumon au sauternes

Le saviez-vous? Le terme saumon, du latin "salmonen", est utilisé pour nommer soixante-six espèces de la famille des salmonidés! Facile à réaliser, cette recette est idéale pour les fêtes de fin d'année.

Pour 4 personnes

- 4 filets de saumon
- 100 g de champignons de Paris
- 80 g de beurre
- 2 cuillères à soupe d'huile d'olive
- 50 g de pistaches vertes
- 1/2 verre de crème fraîche liquide
- 2 cuillères à soupe de Maïzena
- 6 pommes de terre
- 1 verre de sauternes
- sel, poivre

Préparation : 10 minutes
Cuisson : 6 minutes

- Nettoyer puis couper les champignons en rondelles.
- Les faire sauter dans un peu de beurre et d'huile d'olive. Réserver.
- Concasser les pistaches et mixer avec le beurre restant, la crème fraîche et la Maïzena.
- Laver, puis faire cuire les pommes de terre à la vapeur. Réserver au chaud.
- Dans une poêle, faire griller les filets de saumon 3 mn de chaque côté. Saler, poivrer.
- Verser la sauce de pistaches et les champignons sur les tranches de saumon, arroser d'un verre de sauternes.
- Servir avec les pommes de terre pelées et coupées en tranches.

Thon à la catalane

Ce plat, qui se mange froid, est à préparer la veille. Pour que le thon soit tendre, il est conseillé de le sortir du réfrigérateur une heure avant de servir, avec un riz basmati et une salade par exemple.

Préparation : 10 minutes
Cuisson : 35 minutes

- Éplucher et couper les oignons en lamelles.
- Laver et couper les poivrons et les tomates en morceaux.
- Dans une cocotte, faire revenir les oignons et les poivrons dans l'huile d'olive.
- Quand les oignons sont translucides, ajouter le concentré de tomates, les tomates ainsi que l'ail écrasé.
- Laisser réduire 3 mn, puis placer la tranche de thon sur la préparation. Saler. Couvrir et cuire doucement pendant 30 mn.
- Cinq minutes avant la fin de la cuisson, ajouter les cornichons, les petits oignons et les olives coupés en petits morceaux ainsi que le persil et la coriandre hachés.
- Retirer la peau et les arêtes du thon et le mettre au frais sur son lit de légumes jusqu'au lendemain.

Pour 4 personnes

- 1 tranche de thon d'environ 800 g
- 2 oignons
- 2 poivrons jaunes
- 4 tomates
- huile d'olive
- 2 cuillères à soupe de concentré de tomates
- 2 gousses d'ail
- 200 g de cornichons et de petits oignons au vinaigre
- 1 poignée d'olives noires dénoyautées
- 2 cuillères à soupe de persil
- 2 cuillères à soupe de coriandre fraîche
- sel

Morue à l'estouffade

Séchée et salée, la morue a remonté la Garonne sur des embarcations qui la déposaient dans toutes les bourgades. Elle est ainsi arrivée dans les villages bien avant les autres poissons de mer parce qu'elle résistait aux lents transports. La pomme de terre, aussi venue de loin, s'est bien plu dans nos jardins. C'était un jeu d'enfant d'aller fouiller la terre pour n'en oublier aucune. C'était le plat du vendredi, avec un goût plus prononcé que celui de la brandade.

Pour 4 personnes

- 500 g de morue salée
- 500 g de pommes de terre
- 1 poivron rouge
- 5 échalotes
- 1 blanc de poireau
- 1 cuillère de farine
- 25 cl de vin blanc sec
- 4-épices
- 1 bouquet garni (basilic, thym, laurier)
- persil
- 4 gousses d'ail
- 3 cuillères d'huile d'olive
- sel, poivre

Dessalage : 12 heures (à faire la veille)
Préparation : 25 minutes
Cuisson : 40 minutes

- La veille, dessaler la morue à l'eau froide. Renouveler l'eau plusieurs fois.
- Le lendemain, couper la morue en morceaux.
- Éplucher, laver et couper les pommes de terre en quatre.
- Couper le poivron épépiné en lanières, le passer sous le gril et le peler.
- Dans une cocotte, faire rissoler à l'huile échalotes émincées, blanc de poireau, pommes de terre, poivron et morue.
- Saupoudrer de farine en remuant et couvrir avec le vin et de l'eau.
- Ajouter une pincée d'épices, poivre, bouquet garni.
- Faire un persillade avec le persil et les gousses d'ail hachées. En mettre la moitié dans la cocotte et réserver le reste.
- Cuire à feu doux 40 mn.
- Servir avec le reste de persillade.

Feuilletés aux anchois

La réputation des anchois de Collioure remonterait au Moyen Âge ! Tout vient à point à qui sait attendre... En 2004, ils ont obtenu le label européen d'IGP, Indication géographique protégée. Ce signe d'identification européen est attribué aux produits portant le nom du lieu de production. Outre la reconnaissance, il permet la protection du produit concerné.

Préparation : 25 minutes
Cuisson : 20 minutes

- Enlever l'arête centrale des anchois.
- Réserver 4 jolis filets, piler et travailler le reste en pommade avec le beurre.
- Ajouter le persil haché et poivrer modérément. Bien mélanger.
- Séparer et abaisser la pâte en deux parts égales.
- Tartiner une des parts avec le beurre d'anchois, disposer les filets réservés en étoile puis couvrir avec la seconde moitié de la pâte.
- Découper la tourte obtenue en 4 triangles. Pincer les bords pour fermer.
- Laisser reposer 10 mn. Préchauffer le four à 220 °C.
- Fariner une plaque de cuisson allant au four. Y déposer les feuilletés préalablement dorés au jaune d'œuf.
- Cuire au four durant 20 mn à 200 °C.
- Servir avec une salade verte.

Pour 4 personnes

- 250 g de pâte feuilletée
- 200 g de beaux anchois de Collioure à l'huile
- 30 g de beurre
- 1 cuillère à soupe de persil haché
- 1 jaune d'œuf
- poivre

Poulet basquaise

Les déjeuners dominicaux ont leurs poulet rôti/frites, leurs rôti/haricots verts, leur gigot d'agneau/flageolets... Au Pays basque, c'est souvent autour du traditionnel poulet basquaise que se réunissent familles ou amis.

Préparation : 20 minutes
Cuisson : 50 minutes

Pour 4 personnes

- 1 beau poulet fermier
- 1 tranche de jambon de Bayonne
- 700 g de poivrons verts et rouges
- 1 kg de tomates
- 1 pincée de piment d'Espelette
- 3 oignons
- 3 gousses d'ail
- 1 bouquet garni
- 1 verre de vin blanc
- 5 cuillères à soupe d'huile d'olive
- sel, poivre

- Couper le poulet en 8 morceaux.
- Laver les poivrons et les passer à four chaud, à 220 °C, jusqu'à ce que leur peau se fripe.
- Les sortir et ôter la peau. Les couper en lanières.
- Laver les tomates, les éplucher et les couper en morceaux.
- Verser deux cuillères d'huile d'olive dans une cocotte, y faire dorer les oignons émincés, l'ail haché et les poivrons durant 5 mn.
- Ajouter les tomates, une pincée de piment, saler modérément et poivrer.
- Couvrir et laisser mijoter 15 mn puis incorporer le jambon coupé en petits morceaux. Mélanger et laisser reposer la préparation.
- Pendant ce temps, dans l'huile d'olive restante, faire dorer les morceaux de poulet, salés et poivrés, dans une sauteuse.
- Les ajouter dans la cocotte avec le bouquet garni et le vin blanc, couvrir et laisser cuire doucement durant 30 mn.
- Servir bien chaud avec du riz pilaf.

Entrecôte à la bordelaise

Elle était appelée autrefois "maître de chai" parce que les vignerons se servaient de vieilles barriques pour préparer les braises. Aujourd'hui, dans la cheminée ou au barbecue, on utilise des sarments de vigne, plus faciles à trouver. Cette recette ne comporte en aucun cas de sauce au vin !

Préparation : 10 minutes
Cuisson : 8 minutes
(Prévoir de préférence 30 minutes de repos avant cuisson)

Pour 4 personnes

- 2 entrecôtes de 400 g chacune et de 2,5 cm d'épaisseur
- huile d'olive
- 6 échalotes grises
- 50 g de beurre
- poivre en grains
- sel, poivre
- sarments de vigne

- Parsemer le poivre en grains sur la viande légèrement huilée de chaque côté.
- Casser, par 2 ou 3 coups de couteau, les bords des entrecôtes et les laisser reposer pendant 30 mn. Ne pas saler ni poivrer avant la fin de la cuisson.
- Peler et hacher finement les échalotes.
- Lorsque les braises sont prêtes (vives mais sans flammes), faire chauffer la grille puis poser les entrecôtes dessus.
- Les faire saisir 3 mn de chaque côté si vous les aimez bleues, 6 mn si vous les préférez à point.
- Saler et poivrer puis poser une noix de beurre sur chaque morceau. Parsemer d'échalotes et servir pendant que le beurre fond.

Gigot d'agneau de Pauillac

L'agneau de Pauillac est réputé pour la qualité de sa chair moelleuse. Dans la vitrine de votre boucher, il doit comporter l'appellation AP (Agneau Princier) et être accompagné d'une feuille de vigne. L'agneau doit en effet être né et avoir été élevé dans les prés bordant la Gironde, régulièrement inondés par les marées. Il ne doit pas peser plus de 15 kg.

Pour 6 personnes

- 1 gigot de 1,8 kg
- 10 cl d'huile d'olive
- 50 g de beurre
- 2 gousses d'ail
- gros sel marin de cuisine
- poivre

Préparation : 5 minutes
Cuisson : 1 heure

- Peler l'ail et l'émincer en fines lamelles. Inciser la peau de l'agneau et glisser chaque lamelle entre chair et peau.
- Passer au pinceau un peu d'huile d'olive et de beurre fondu sur le gigot, poivrer.
- Enfourner le gigot. Attention ! Démarrer à four froid ! Régler le four à 210 °C. Laisser cuire pendant 1 h en arrosant souvent.
- Prendre soin, la cuisson terminée, de laisser reposer le gigot, four entrouvert, afin que le jus ait le temps de se répartir dans toute la viande. Saler.
- Verser la graisse de cuisson dans une casserole, ajouter un peu d'eau, faire réduire, saler, poivrer, ajouter une noisette de beurre, mélanger et servir en saucière avec l'agneau.

Boles de picolat

Ce plat populaire est connu de tous les Roussillonnais. Pas de fête sans boles de picolat, chaque famille ayant sa recette ! Il s'agit de boulettes de viande baignant dans une sauce tomate. À déguster plutôt l'hiver, compte tenu de sa consistance.

Pour 6 personnes

- 300 g de chair à saucisse
- 250 g de veau maigre
- 400 g de gîte de bœuf
- 150 g de cèpes séchés
- 1 belle tranche de pain sec mouillée dans du lait
- 4 œufs
- 1 échalote
- 3 brins de persil haché
- 3 gros oignons
- 6 à 8 gousses d'ail
- 5 tomates
- 1 petit piment
- 150 g d'olives vertes dénoyautées
- huile d'olive
- 2 cuillères à soupe de farine
- sel, poivre

Préparation : 20 minutes
Cuisson : 2 heures

- Faire hacher finement les viandes chez le boucher.
- Mettre les cèpes à tremper dans de l'eau tiède.
- Dans une jatte, mélanger les viandes hachées, le pain, les œufs battus en omelette, l'échalote et le persil hachés, du sel et du poivre. Bien pétrir, de façon à obtenir une pâte homogène.
- Émincer les oignons et l'ail. Peler, couper et épépiner les tomates.
- Blanchir les olives.
- Dans une grande cocotte, dorer les oignons et les gousses d'ail à l'huile d'olive, fariner très légèrement.
- Ajouter les tomates, les champignons émincés, le piment coupé en petits morceaux et les olives. Laisser mijoter le temps de préparer les boles.
- Avec les mains légèrement mouillées, former de petites boules de la taille d'un abricot.
- Les faire roussir à la poêle avant de les ajouter dans la cocotte.
- Couvrir la préparation avec de l'eau. Laisser mijoter tout doucement environ 2 h.
- En cours de cuisson, tourner doucement les boles et vérifier l'assaisonnement.
- Servir avec des haricots blancs ou du riz.

Demoiselles grillées

Pour les néophytes, les demoiselles sont des carcasses d'oies, débarrassées du foie, des magrets, des cuisses et du gésier. Elles se mangent grillées en se léchant les doigts.
Le mieux est de les déguster un soir d'hiver, devant la cheminée.

Pour 4 personnes

- 4 carcasses d'oie avec aiguillette
- 800 g de salsifis
- 2 cuillères d'huile
- 2 œufs
- 200 g de farine
- persil
- ail
- thym
- pain
- sel, poivre

Préparation : 30 minutes
Cuisson : 30 minutes

- Éplucher, laver les salsifis et les mettre dans de l'eau vinaigrée.
- Les cuire à l'eau bouillante salée et citronnée pendant 20 mn.
- Les égoutter.
- Mélanger jaunes d'œufs, farine, sel, poivre avec un peu d'eau pour obtenir une pâte à frire lisse. Laisser reposer puis incorporer les blancs en neige.
- Enrober les tronçons de salsifis de pâte et les dorer dans une friture chaude. Les égoutter.
- Faire une persillade avec de l'ail et du persil hachés et les saupoudrer.
- Faire griller les "demoiselles" sur une bonne braise 3 mn de chaque côté. Rajouter du thym, du sel et du poivre.
- Servir les "demoiselles" accompagnées des salsifis et de pain aillé.

Cœurs d'oie aux tastets de foie

Ici, le raffinement s'exprime non avec des préparations compliquées mais par la texture du produit. Pour en apprécier le fumet délicat, il faut griller les cœurs sur des sarments de vigne non traités. Ce mets, le plus fin de la gastronomie régionale, entre dans le rituel d'apéritif, entrée ou plat du réveillon du premier de l'an... Il faut donc réserver les cœurs chez la fermière ou au marché pour être sûr de bien commencer l'année.

Préparation : 10 minutes
Cuisson : 4 minutes

Pour 4 personnes

- 16 cœurs d'oie
- 200 g de foie gras
- pain de seigle
- sel, poivre

- Ouvrir en deux les cœurs sans séparer les lobes.
- Rogner un peu l'excédent de graisse en haut des cœurs et les enfiler dans des brochettes, à plat.
- Les griller à feu vif 2 mn de chaque côté en les gardant saignants.
- Les ranger dans le plat, saler, poivrer et les couvrir 1 mn : ils vont rendre un peu de jus et les gourmands ont déjà préparé un bout de pain tendre pour le pomper.
- Préparer 8 médaillons de pain de seigle et les couvrir de parcelles de foie gras. Saler, poivrer.
- Les saisir 1 mn en les plaçant sous le gril du four déjà rouge.

Servir aussitôt.

Lièvre à la royale

Les qualités requises pour confectionner ce plat sont la patience, la persévérance, et quand même un peu de savoir-faire ! Ceci dit, une âme entreprenante en viendra à bout en pensant à l'étonnement, à l'admiration et à la gratitude de ses convives. Voilà des arguments qui vous décideront certainement à vous lancer dans une telle entreprise.

Préparation : 24 heures
Marinade plus 2 heures
Cuisson : 5 heures

Pour 8 personnes

- 1 lièvre d'environ 2,5 kg
- 200 g de truffes en lamelles
- 3 cuillères de graisse d'oie
- 1 couenne de lard
- 50 cl de vin rouge très corsé
- 125 g de lardons
- 10 cl de cognac
- 10 petits oignons blancs
- 3 carottes
- vinaigre
- sel, poivre

Pour la farce

- 500 g de viande de porc
- 2 escalopes de veau, 100 g de lard
- facultatif : 200 g de foie gras
- 1 grosse poignée de mie de pain
- 1 œuf
- 2 pincées de 4-épices

Pour la marinade

- 2 carottes
- 2 oignons
- 1 bouquet garni
- 3 clous de girofle
- 1 l de vin rouge corsé
- 15 cl d'huile d'olive

Pour la sauce

- 20 cl de vinaigre de vin
- 10 gousses d'ail
- bouquet garni
- 75 g de beurre
- 40 g de farine
- 1 pincée de 4-épices
- sel, poivre

- Couper la tête et laver l'intérieur du lièvre avec du vinaigre.
- Pour faire la marinade, piquer les cuisses et le râble de lardons et déposer l'animal dans une grande terrine.
- Entourer de rondelles de carottes et d'oignons, du bouquet garni et des clous de girofle.
- Poivrer, verser le vin rouge et l'huile, couvrir et laisser macérer 24 h au frais.
- Pour préparer la farce, hacher le porc, le veau, le lard et les abats du lièvre moins le foie.
- Ajouter éventuellement le foie gras en petits dés, la mie de pain humectée et essorée. Bien mélanger.
- Pour finir, mettre l'œuf battu, le 4-épices, le sel, le poivre et travailler un peu ce mélange.
- Le lièvre retiré de la marinade, garnir l'intérieur avec la farce et recoudre soigneusement.
- Recourber l'animal et lier pattes avant et pattes arrière.
- Faire fondre la graisse et le lard en lanières dans une grande cocotte.
- Ajouter carottes en rondelles et petits oignons épluchés.
- Laisser blondir un peu puis faire dorer le lièvre sur les deux faces.
- Verser le liquide de la marinade passé, le vin et le cognac.
- Faire cuire au four, à couvert (150 °C), pendant 4 h.

La sauce

- Mettre le vinaigre dans une casserole avec l'ail épluché, le foie du lièvre, le bouquet garni.
- Cuire à couvert, à feu très doux, durant 1 h.
- Oter le bouquet garni, écraser ail et foie, puis passer au chinois.
- Dans une autre casserole, faire un roux blond avec beurre et farine, incorporer la sauce au vinaigre, du sel, du poivre, du 4-épices et bien mélanger au fouet à main. Réserver.
- Le lièvre cuit, verser la sauce dans la cocotte.
- Faire mijoter encore tout doucement pendant 1 h.
- Dresser le lièvre sur un plat chaud, ôter les ficelles.
- Passer le jus de cuisson au chinois.
- Si l'on a pu garder le sang (mêlé de vinaigre pour qu'il ne coagule pas), le mélanger en battant au fouet à main.
- Donner un bouillon, incorporer les truffes débitées en fines lamelles.
- Arroser le lièvre de cette sauce et servir sur assiettes chaudes.

Confit d'oie

Le confit se prépare avec des morceaux de volaille grasse comme l'oie ou de porc. La graisse qui enrobe la viande peut ensuite être utilisée pour faire sauter des pommes de terre. Cette spécialité, que l'on retrouve dans tout le Sud-Ouest, entre dans la préparation de nombreux plats comme la garbure ou le cassoulet.

Préparation : 1 heure
Macération : 24 heures
Cuisson : 1 h 45

Pour 8 à 10 personnes

- 1 oie d'environ 4 kg
- 4 feuilles de laurier
- 5 brins de thym
- 5 clous de girofle
- 1 kg de gros sel
- 500 g de saindoux

- Découper l'oie en réservant toute la graisse.
- Lever les filets, séparer cuisses, ailerons, couper les pattes.
- Garder le cou pour préparer un cou d'oie farci.
- Mélanger le laurier pilé avec le thym émietté, les clous de girofle écrasés et le gros sel.
- Placer les morceaux d'oie dans une terrine et les recouvrir du sel ainsi épicé.
- Laisser macérer 24 h au frais.
- Retirer ensuite les morceaux de volaille, bien les secouer et les essuyer avec du papier absorbant.
- Faire fondre la graisse de l'oie réservée avec 25 cl d'eau, dans une grande sauteuse à feu très doux.
- Placer dedans les morceaux d'oie, côte à côte.
- Couvrir et cuire à feu doux 1 h 45 environ. Vérifier la cuisson de la viande en y enfonçant une aiguille.
- Retirer les morceaux, les disposer dans des pots de terre à couvercle.
- Filtrer la graisse fondue, la verser dans les pots de façon à bien recouvrir la viande. Laisser refroidir et figer.
- Pour terminer, faire fondre doucement le saindoux. En verser une couche sur chaque pot afin de bien conserver le confit.
- Refermer soigneusement les pots et les placer au frais et au sec jusqu'à consommation. Ils peuvent se conserver une bonne année.

Magrets en croûte de sel

Le sel était autrefois utilisé pour la conservation des viandes. On s'en sert ici pour la préparation culinaire des magrets de canard. Le plus étonnant c'est que la viande garde sa tendresse et ne s'imprègne que du sel nécessaire à son assaisonnement. Étant donné la simplicité de cette recette, on la conseillera aux marmitons inexpérimentés.

Préparation : 15 minutes
Cuisson : 40 minutes

Pour 4 personnes

- 2 magrets de canard
- 1 kg de gros sel

- Après avoir incisé la peau des magrets en croisillons, les disposer dans une sauteuse, peau dessous, à feu doux.
- Une fois le gras bien fondu, sortir les magrets et les laisser refroidir.
- Verser une couche de sel dans un plat en terre, poser un magret peau dessus et l'autre peau dessous.
- Recouvrir de gros sel, égaliser la surface.
- Mettre au four et cuire durant 40 mn à 210 °C.
- Casser la croûte de sel juste au moment de servir.
- Accompagner de cèpes dorés à la poêle, de pommes dauphine ou rissolées et d'une salade verte.

Cassoulet

L'origine du mot "cassoulet" viendrait de la cassole, un récipient en terre cuite émaillée fabriqué à Issel près de Castelnaudary. Cette dernière fait partie des trois villes, avec Carcassonne et Toulouse, qui se disputent la création de la recette. Pour les réconcilier, un gastronome régional du siècle dernier, Prosper Montagné, a lancé cette jolie figure de style : "Le cassoulet, c'est le Dieu de la cuisine occitane ; Dieu le Père, c'est le cassoulet de Castelnaudary, Dieu le Fils c'est celui de Carcassonne et le Saint-Esprit celui de Toulouse."

Pour 4 personnes

- 500 g de haricots tarbais
- 4 morceaux de confit de canard
- 400 g de saucisse de Toulouse
- 2 andouilles de couennes
- 150 g de couennes
- 1 talon de jambon
- 4 coustelous de porc (travers)
- 2 oignons
- 2 carottes
- 4 gousses d'ail
- 1 grosse tomate
- 1 branche de céleri
- 1 bouquet garni
- 1 pincée de 4-épices
- 4 cuillères de graisse de canard
- sel, poivre

Préparation : 20 minutes
Cuisson : 4 heures

- Dans un toupin en fonte ou une marmite, mettre les haricots à l'eau froide et amener à ébullition. Retirer du feu et laisser reposer 5 mn.
- Égoutter les haricots.
- Les remettre dans le toupin avec 5 l d'eau tiède.
- Dans une sauteuse, faire revenir à la graisse oignons et carottes émincés pendant quelques minutes, tomate mondée, épépinée et concassée, coustelous. Les ajouter aux haricots avec andouilles de couennes, couennes blanchies, talon de jambon, ail, céleri, bouquet garni, pincée de 4-épices, sel, poivre. Laisser mijoter 3 h à feu très doux.
- Dans une cassole en terre à bords hauts, verser le contenu du toupin. Y ajouter le confit et enfourner à 160 °C. Laisser gratiner 1 h.
- Servir en déposant sur la pellicule dorée les morceaux de saucisse grillée.

Cèpes à la bordelaise

Les bolets, ou cèpes de Bordeaux, se rencontrent au printemps, mais surtout en automne, dans les forêts de chênes entre fougères et mousses. Les plus beaux se cueillent dans le Médoc; ce sont les cèpes de Bordeaux qui arborent un chapeau couleur tête-de-nègre et une queue volumineuse. Toutefois, vous réussirez vos "cèpes à la bordelaise" même avec des cèpes alsaciens! L'important est qu'ils soient frais.

Préparation : 20 minutes
Cuisson : 25 minutes

Pour 4 personnes

- 1 kg de cèpes
- 12 cl d'huile d'olive
- 3 gousses d'ail (que l'on aura pris la précaution de dégermer s'il y a lieu), ou 3 grosses échalotes
- 1 bouquet de persil plat
- sel, poivre

- Nettoyer soigneusement et parer les cèpes : ne jamais les laver. Utiliser soit du papier essuie-tout, soit une petite brosse à poils de soie, ou encore un linge en coton à peine humide.
- Les escaloper s'ils sont volumineux (morceaux d'environ 2 cm d'épaisseur coupés en biais de façon à obtenir une cuisson optimum) ou laisser les cèpes entiers s'ils sont de petite taille (ce qui est souvent le cas pour les bolets noirs).
- Préparer le hachis d'ail et de persil. Certains ajoutent de la mie de pain et des queues de cèpes hachées.
- Dans une poêle ou une toupine (sauteuse en terre), faire revenir les champignons dans 2 cuillères d'huile d'olive, à feu moyen. Renouveler l'huile, faire cuire jusqu'à ce que les cèpes commencent à dorer.
- Baisser le feu, saler, poivrer, laisser cuire 20 mn à feu doux.
- À la fin, saupoudrer avec le hachis d'ail et de persil, éteindre le feu, couvrir et servir après 3 à 5 mn de repos.

Croustade à la toulousaine

Voici un plat délicieux à réaliser en été en revenant d'une balade fructueuse en forêt, quelques jours après un orage. Mais attention, les girolles, comme tous les champignons comestibles, sont de vraies éponges si on les lave à l'eau. Grattez-les plutôt avec la pointe d'un couteau après avoir coupé la base terreuse ou frottez-les avec un linge humide.

Préparation : 40 minutes
Cuisson : 40 minutes

- Mettre la farine en fontaine avec une pincée de sel.
- Y placer 2 jaunes d'œufs, le beurre en pommade et une cuillère d'eau. Bien amalgamer et fraiser deux fois avec la paume de la main, puis laisser reposer 2 h.
- Nettoyer les girolles, les émincer et les faire revenir 10 mn à la graisse avec les dés de jambon et l'échalote émincée, dans une sauteuse.
- Mélanger 2 jaunes d'œufs, crème, truffes émincées, persil et estragon hachés, sel, poivre. Ajouter le contenu de la sauteuse.
- Étaler la pâte au rouleau et foncer un plat à croustade beurré avec la moitié de la pâte. Y verser le mélange et recouvrir avec la seconde abaisse.
- Replier en pinçant avec les doigts les deux bords des abaisses.
- Dorer au jaune d'œuf et cuire 30 mn à 200 °C.

Pour 4 personnes

- 500 g de girolles
- 80 g de truffes
- 1 échalote
- 3 jaunes d'œufs
- 20 cl de crème fraîche
- 10 g de beurre
- 2 cuillères de graisse de canard
- 100 g de jambon
- persil
- estragon
- sel, poivre

Pâte brisée

- 200 g de farine
- 2 jaunes d'œufs
- 100 g de beurre
- sel

Courgettes farcies au bethmale

Le bethmale, originaire des Pyrénées ariégeoises, porte le nom de la vallée et du village où il est fabriqué. C'est un fromage au goût corsé, produit à partir de lait de vache et affiné sur des planches de sapin ou d'épicéa pendant 6 à 8 semaines. Il daterait de l'occupation de la région par les Maures au XIVe siècle.

Pour 4 personnes

- 4 courgettes de taille moyenne
- 250 g de bethmale
- huile d'olive
- poivre

Préparation : 10 minutes
Cuisson : 25 minutes

- Faire bouillir une grande marmite d'eau salée.
- Couper les queues des courgettes. Les plonger dans l'eau bouillante. Laisser cuire 15 mn.
- Pendant ce temps, couper le fromage en fines lamelles. Réserver.
- Égoutter les courgettes puis les passer sous l'eau froide. Égoutter à nouveau.
- Les couper en deux dans le sens de la longueur.
- Ôter leur chair à la petite cuillère. La mettre dans un bol. Vider le surplus d'eau. Ajouter le fromage. Mélanger à la chair et écraser le tout. Poivrer.
- Remplir les courgettes évidées avec ce mélange.
- Enfourner et faire cuire pendant 10 mn à 200 °C.

Pommes de terre sarladaises

Certes, vous aurez d'autres choix en déjeunant à Sarlat, pour accompagner viandes et confits.
Mais avouez que ce serait dommage d'opter pour autre chose que des pommes sarladaises.
La recette en est fort simple, nous vous la dévoilons ici.

Préparation : 15 minutes
Cuisson : 25 à 30 minutes

- Couper en rondelles les pommes de terre épluchées et lavées.
- Les essuyer avec du papier absorbant.
- Faire chauffer la graisse dans une grande poêle, cuire les pommes de terre à feu vif pendant 10 mn.
- Saler, poivrer, ajouter l'ail et le persil très finement hachés.
- Retourner 3 ou 4 fois à l'aide d'une palette en bois.
- Couvrir et laisser cuire à feu très doux 15 mn environ.
- Remuer délicatement 2 ou 3 fois encore.
- Pour garder leur moelleux à ces pommes de terre, les laisser quelques minutes à couvert, feu éteint, avant de servir. Elles seront alors fondantes à souhait, prêtes à accompagner volaille ou autre viande.

Pour 4 personnes

- 800 g à 1 kg de pommes de terre à chair ferme
- 4 gousses d'ail
- 3 branches de persil
- 4 cuillères à soupe de graisse d'oie ou de canard
- sel, poivre

Cannelés de Bordeaux

Un grand nombre de légendes courent sur l'élaboration et l'histoire de ces cannelés fabriqués avant la Révolution française par des religieuses. Ce "dessert du pauvre" était réalisé avec des jaunes d'œufs inutilisés lors de l'élaboration du vin, après la vinification : le collage au blanc d'œuf, alchimie toujours utilisée aujourd'hui au stade de l'élevage, avant la mise en bouteille. Ces cannelés se dégustent croquants à l'extérieur, tendres à l'intérieur.

Pour 20 cannelés

- 250 g de farine
- 500 g de sucre
- 2 œufs entiers
- 4 jaunes d'œufs
- 1 l de lait entier
- 1 gousse de vanille
- 3 cuillères à soupe de rhum (facultatif)
- 100 g de beurre
- 20 moules à cannelés en cuivre étamé ou en silicone

Préparation : 25 minutes, 24 heures à l'avance
Cuisson : 40 minutes environ

- Mettre la farine et le sucre dans un récipient. Mélanger et creuser un puits. Casser et incorporer les œufs entiers et les jaunes.
- Faire chauffer le lait avec la gousse de vanille à feu doux, jusqu'à ébullition, éteindre le feu. Verser peu à peu le lait bouillant sur les œufs en remuant vivement avec un fouet afin que les jaunes ne coagulent pas.
- Ajouter le rhum (si vous le souhaitez), laisser reposer le tout 24 h au réfrigérateur.
- Le lendemain, badigeonner de beurre l'intérieur des moules et les remplir aux 2/3 avec cette préparation. Préchauffer le four à 180 °C.
- 5 mn avant cuisson, augmenter le four à 300 °C. Enfourner les cannelés. Laisser 3 mn, puis baisser à 210 °C. Après 30 mn de cuisson, surveiller les cannelés, ils doivent devenir brun doré et être croustillants à l'extérieur.
- Les sortir du four, laisser refroidir avant de démouler.
- Les déguster froids ou tièdes (pour cela, remettre les gâteaux au four quelques minutes).

Millas girondin

"Milloque" en Charente, "mias" en Languedoc, "millasson" ou "milhassou", toutes ces appellations proposent le même gâteau moelleux à base de farine de maïs. Quel que soit le nom qu'on lui donne, la dégustation est magique.

Préparation : 15 minutes
Cuisson : 45 minutes

Pour 6 personnes

- 5 cuillères à soupe de farine de maïs (à défaut, on peut utiliser de la polenta)
- 75 cl de lait
- 5 œufs
- 4 cuillères à soupe de miel d'acacia
- 2 cuillères à soupe de sucre de canne
- eau de fleur d'oranger ou armagnac
- 20 g de beurre
- 1 pincée de sel

- Verser la farine dans un saladier. Ménager un petit cratère au milieu. Faire chauffer le lait sans le faire bouillir. Le verser frémissant dans le puits tout en tournant à l'aide d'un fouet pour mélanger le lait à la farine et éviter les grumeaux.
- Préchauffer le four à 210 °C.
- Casser les œufs et séparer les blancs des jaunes. Ajouter les jaunes, le miel, le sucre de canne et la fleur d'oranger (ou l'armagnac) à la pâte.
- Battre les blancs en neige avec la pincée de sel jusqu'à ce qu'ils soient fermes.
- Incorporer délicatement les blancs à la pâte à l'aide d'une cuillère en bois.
- Beurrer un moule à manqué, y verser la pâte ainsi obtenue.
- Introduire le moule dans le four pour 30 à 40 mn de cuisson.
- Déguster tiède de préférence.

Bras de Vénus

Grand classique de la cuisine catalane, ce biscuit roulé est tantôt fourré au chocolat, tantôt à la confiture. Son cousin, le bras de gitan, l'est à la crème pâtissière. La fille présumée de Zeus aurait-elle perdu ses membres supérieurs dans les bras d'un beau nomade? Le mystère reste entier!

Préparation : 20 minutes
Cuisson : 5-6 minutes

- Séparer les jaunes des blancs (que l'on réservera) et les mélanger avec 100 g de sucre.
- Travailler jusqu'à ce que le mélange blanchisse.
- Ajouter lentement la farine et bien mélanger.
- Monter les blancs en neige et, quand ils sont fermes, ajouter 20 g de sucre. Les mêler délicatement à la pâte.
- Préchauffer le four à 230 °C.
- Garnir une plaque à pâtisserie d'une feuille de papier sulfurisé. Verser la pâte à biscuit en une couche régulière de 5 mm et cuire à four chaud, 230 °C, pendant 5 à 6 mn.
- Humidifier un linge, l'étaler sur la table de travail et le saupoudrer avec le sucre restant.
- Sortir le biscuit du four en le retournant immédiatement sur le linge. Le rouler à l'aide du linge.
- Au bout de quelques minutes, déplier le biscuit et le napper de la garniture de son choix.
- Le rouler à nouveau et le décorer avec le sucre glace.

Pour 6 personnes

- 4 œufs
- 135 g de sucre
- 125 g de farine
- confiture ou pâte de chocolat
- 20 cl d'eau
- 50 g de sucre glace

Croustade ancestrale

Il faut voir la finesse de la pâte étirée en l'air par quatre mains expertes. Comme son nom l'indique, la croustade doit croustiller sous la dent si l'on respecte bien le temps de cuisson. Pour les amateurs, prévoir une croustade pour chacun!

- Mettre dans une casserole 50 cl d'eau, 70 g de beurre, 1 cuillère d'huile, 1 sachet de sucre vanillé, 2 cuillères de rhum, 1 pincée de sel. Faire tiédir.
- Dans un saladier, battre les œufs, ajouter 500 g de farine et incorporer la moitié du contenu de la casserole. Pétrir la pâte.
- Ajouter l'autre moitié de la préparation, 500 g de farine, la levure et battre la pâte. Couvrir d'un torchon, laisser reposer 1 h.
- Peler, épépiner et émincer les pommes (ou poires). Les faire macérer dans le rhum.
- Beurrer 7 grands plats ou assiettes allant au four.
- Préparer le reste du beurre en pommade.
- Saupoudrer une nappe de farine, y étaler un pâton gros comme le poing. Tendre cette pâte sur le dos des mains en l'étirant à deux pour qu'elle devienne diaphane.
- Mettre une couche de pâte sur l'un des plats, puis une couche de fruits arrosés d'un peu de rhum et de sucre.
- Recouvrir les pommes (ou poires) d'une seconde abaisse, fine comme la première. La beurrer et la sucrer.
- Recouvrir d'une troisième couche, y déposer des croisillons de pâte. Saupoudrer de sucre et dorer au jaune d'œuf.
- Répétez cette opération 6 fois puis cuire les croustades à four chaud pendant 25 mn.
- On les dégustera deux jours plus tard, tièdes.

Préparation : 1 heure
Repos : 1 heure
Cuisson : 25 minutes

Pour 7 personnes

- 400 g de beurre
- 1 cuillère d'huile
- 1 sachet de sucre vanillé
- 40 cl de rhum
- pincée de sel
- 6 œufs
- 1 kg de farine
- 1 sachet de levure
- 500 g de sucre
- 1,5 kg de pommes (ou de poires)

SUCRE

Gâteau périgourdin

De nombreuses régions revendiquent le titre de fief de la noix. En Périgord, on met en avant, à juste titre, quelques spécialités bien reconnues et les noix pourraient en faire partie. Leur production y est en effet abondante et elles sont la base de nombreux desserts et de savoureux gâteaux. Celui que nous proposons mérite de figurer aux repas de fête, alors appliquez-vous !

Préparation : 45 minutes - Cuisson : 30 minutes

Pour 6 à 8 personnes

- 9 gros œufs
- 300 g de sucre semoule
- 150 g de cerneaux de noix
- 75 g de farine
- 250 g de beurre
- 2 cuillères à soupe de cacao

- Battre 6 jaunes d'œufs avec 150 g de sucre, le mélange doit blanchir.
- Réserver 25 g de noix pour le décor et hacher les 125 g restants.
- Les ajouter, ainsi que la farine, à la première préparation. Bien travailler à la cuillère en bois.
- Monter les 6 blancs d'œufs en neige ferme et les incorporer très délicatement.
- Beurrer un moule à génoise, verser la pâte et cuire 30 mn à 180 °C. Laisser refroidir.
- Faire une crème en mélangeant dans une casserole 150 g de sucre et 3 œufs.
- À feu très doux, faire chauffer en remuant. Ce mélange doit être lisse.
- Dans un saladier, bien travailler le beurre pour le ramollir à l'aide d'une fourchette.
- Incorporer le mélange sucre-œufs et ajouter le cacao. Bien mélanger.
- Couper le gâteau en deux disques.
- Étaler une couche de crème sur le premier, poser l'autre par-dessus et finir d'étaler la crème, sans oublier les côtés.
- Parsemer des noix réservées hachées. Disposer au centre quelques cerneaux et tenir au frais jusqu'au moment de servir.

Corse

Provence-Alpes-Côte d’Azur

Rhône-Alpes

Soupe au pistou

À chacun son clocher, à chacun sa soupe au pistou. Le nombre de variantes de cette célébrissime soupe de légumes est infini. Le mot "pistou" n'est pas la traduction provençale du basilic (qui se dit baseli), mais désigne le pilon du mortier utilisé traditionnellement pour préparer la sauce.
Un conseil : préparez un peu plus de pistou qu'il est indiqué dans la recette et réservez-le pour accompagner un plat de pâtes à venir. Bonheur garanti.

Pour 8 personnes

Pour la soupe

- 600 g de haricots frais, blancs et cocos roses
- 3 carottes
- 250 g de chair de courge (facultatif)
- 500 g de haricots verts mange-tout
- 3 belles pommes de terre
- 4 courgettes
- 2 belles tomates mûres
- 150 g de pâtes (gros macaronis ou petits coudes)
- 1 gros oignon blanc
- 1 clou de girofle
- 2 branches de thym frais

Pour le pistou

- 10 gousses d'ail dégermées
- 1 tasse de feuilles de basilic
- 100 g de parmesan fraîchement et grossièrement râpé
- 50 g de gruyère fraîchement et grossièrement râpé (ou de vieux hollande)
- 20 cl d'huile d'olive
- 1 pincée de gros sel

Préparation : 30 minutes
Cuisson : environ 2 heures

- Faire bouillir 4 l d'eau salée dans un grand faitout à fond épais. Jeter les haricots en grains, l'oignon piqué du clou de girofle et le thym dans l'eau bouillante. Laisser cuire 30 mn.
- Pendant ce temps, ébouillanter les tomates puis les peler. Éplucher les autres légumes (sauf les courgettes). Tailler les carottes, la courge et les pommes de terre en petits cubes. Couper les courgettes en grosses rondelles. Tronçonner les haricots verts en petits morceaux de 2 cm environ.
- Ajouter les pommes de terre, les carottes et la courge aux haricots. Laisser cuire encore 45 mn à petits bouillons avant de mettre les tomates, les haricots verts et les courgettes. Laisser mijoter 30 mn en remuant de temps en temps, puis verser les pâtes qui devront cuire 20 mn.
- Pendant que la soupe cuit, préparer le pistou : écraser l'ail et le gros sel au mortier (ou au mixer, mais c'est moins bon…). Quand l'ail prend la consistance d'une pommade, ajouter progressivement les feuilles de basilic ciselées tout en continuant de piler. Lorsque le mélange est homogène, ajouter le fromage et travailler le tout à la fourchette, avant d'incorporer l'huile, d'abord goutte à goutte puis en filet. Le pistou doit avoir la consistance d'une crème épaisse. S'il est trop compact, le diluer avec un peu de bouillon de légumes.
- Quand la soupe est cuite, retirer l'oignon et le thym. Verser dans une soupière et ajouter la moitié du pistou. Mélanger soigneusement.
- Servir avec le restant de sauce présenté dans le mortier ou dans un bol à part.

Soupe d'orties

Très appréciée dans les Alpes, cette délicieuse soupe est riche en fer et en vitamines. Munissez-vous d'un gant pour ramasser les feuilles, de préférence au printemps quand apparaissent les jeunes pousses. On peut toutefois, en été, utiliser les pointes d'orties les plus jeunes, tant qu'elles n'ont pas fleuri.

Pour 4 personnes

- un gros bouquet de pousses ou de pointes d'orties
- huile d'olive ou beurre
- 4 belles pommes de terre
- 2 cuillères à soupe de crème fraîche
- 2 belles tranches de pain de campagne grillé
- 2 gousses d'ail
- sel, poivre

Préparation : 30 minutes
Cuisson : 30 minutes

- Couper les morceaux de tiges restantes puis laver et égoutter les feuilles d'orties. Dans une marmite, les faire revenir dans l'huile d'olive ou le beurre jusqu'à ce qu'elles changent de couleur.
- Ajouter les pommes de terre épluchées et coupées en morceaux, et couvrir avec 1,5 l d'eau salée. Porter à ébullition et faire cuire 30 mn.
- Mixer et ajouter la crème au moment de servir.
- Présenter à part les croûtons grillés frottés d'ail.

Salade lyonnaise

Pour préparer cette véritable salade lyonnaise, il faudra aller ramasser les tendres pissenlits du printemps. Les neuf mois suivants, on se consolera avec de la mâche en allant chez son primeur préféré !

Préparation : 20 minutes
Cuisson : 10 minutes

Pour 4 personnes

- 500 g de pissenlits ou de mâche
- 2 cuillères à soupe de vinaigre de vin rouge
- 4 œufs
- 200 g de lardons fumés
- 4 tranches de pain rassis
- 1 gousse d'ail
- 1 bouquet de ciboulette
- sel, poivre

- Laver les pissenlits ou la mâche à l'eau vinaigrée et les essorer.
- Faire rissoler les lardons dans une poêle, puis déglacer avec une cuillère de vinaigre.
- Frotter d'ail les tranches de pain, les découper en petits croûtons et faire dorer à la poêle dans un peu d'huile et de beurre.
- Préparer une vinaigrette bien relevée.
- Faire bouillir de l'eau dans une casserole avec une cuillère de vinaigre pour y pocher les œufs un à un, pendant 2 mn.
- Retirer délicatement avec une écumoire et déposer chaque œuf dans un bol individuel.
- Dans un saladier, placer les pissenlits ou la mâche, les croûtons et les lardons encore chauds.
- Arroser de vinaigrette, bien mélanger.
- Saupoudrer de ciboulette.
- Disposer les œufs pochés sur cette salade et déguster.

Quenelles

Au plaisir d'avoir préparé "ses" quenelles, on y ajoute un goût incomparable, une grande reconnaissance de la part des enfants qui en sont toujours friands et donc une fierté bien légitime. Alors...

Pour 4 personnes

- 80 g de beurre
- 25 cl de lait
- 150 g de farine
- 50 g de gruyère râpé
- 4 œufs
- sel, poivre

Préparation : 30 minutes
Cuisson : 10 minutes

- Faire chauffer le lait salé et poivré avec le beurre.
- Dès l'ébullition, ajouter la farine en une seule fois et laisser cuire en remuant constamment à feu doux pendant 10 mn.
- Hors du feu, ajouter le gruyère râpé et incorporer un à un les jaunes d'œufs battus en omelette.
- Monter les blancs en neige ferme et les ajouter délicatement à la préparation.
- Façonner les quenelles à la main et les rouler dans un peu de farine.
- Faire cuire à l'eau bouillante salée jusqu'à ce que les quenelles remontent à la surface.
- Les retirer avec une écumoire et les plonger dans de l'eau froide.
- Bien égoutter.
- Servir avec une sauce béchamel ou une sauce aurore.
- On peut également faire gratiner au four les quenelles nappées d'une de ces sauces. Servir très chaud.

Variante : pour la pâte à quenelles, il est possible d'utiliser 75 g de farine et 75 g de semoule fine.

Tapenade

Avec ou sans anchois? Vaste question à laquelle il est difficile de répondre... Les puristes prétendent qu'à l'origine, la tapenade était une préparation à base d'olives noires un peu fortes, de câpres (tapeno) et d'herbes de Provence. Mais aujourd'hui, chacun y va de sa "vraie" recette...
La tapenade peut aussi se réaliser avec des olives vertes, ce qui donne une préparation plus douce.

Préparation : 10 minutes
Cuisson : aucune

Pour 4 personnes

- 250 g d'olives noires dénoyautées (des tanches de Nyons de préférence, car elles sont bien grasses)
- 125 g de câpres (en saumure plutôt qu'au vinaigre)
- une dizaine de filets d'anchois à l'huile
- 1 gousse d'ail dégermée et hachée
- 1 cuillère à soupe d'herbes de Provence (thym, romarin, sarriette, laurier, fenouil)
- huile d'olive (environ 10 cl)
- 3 ou 4 cuillères à soupe de jus de citron
- 3 tours de moulin à poivre

- Broyer au mortier (ou, plus pratique, au mixer) les olives avec les câpres, les anchois coupés en morceaux, l'ail, les herbes et le poivre.
- Lier peu à peu avec l'huile d'olive jusqu'à obtenir une pommade lisse et onctueuse. Ajouter le citron selon le goût. Mélanger.
- Mettre au frais avant de servir avec des toasts, des artichauts poivrade, du céleri en branche, des bâtonnets de concombre, de poivron ou de fenouil.

Saucisson brioché

"Saucisson : sorte de charcuterie formée d'un gros boyau rempli de viandes hachées, crues ou cuites, fortement assaisonnées et tassées. La qualité du saucisson dépend essentiellement de celle de la viande employée et du tour de main du praticien"... On n'est pas obligé d'en chercher la définition chaque fois qu'on va acheter son saucisson, par contre on sera très regardant sur la qualité du praticien. On rentrera ensuite chez soi sûr de son choix, on étalera ses emplettes sur la toile cirée et l'on s'attellera à bien briocher son saucisson.

Pour 6 personnes

- 1 saucisson à cuire de 500 g
- farine
- 1 œuf pour dorer

Pour la brioche
- 6 œufs
- 500 g de farine
- 20 g de levure de boulanger
- 50 g de sucre
- 250 g de beurre
- 1/2 cuillère à café de sel

Préparation : 30 minutes
Repos de la pâte : 4 à 5 heures
Cuisson : 1 h 30

- Plonger le saucisson dans l'eau froide.
- Porter à ébullition et poursuivre la cuisson pendant 15 mn.
- Pendant ce temps, préparer la pâte de la brioche en mélangeant les œufs avec la farine, la levure délayée dans 10 cl d'eau, le sucre et le sel.
- Pétrir pendant 10 mn jusqu'à obtenir une pâte qui se décolle facilement.
- Malaxer le beurre et l'incorporer en pétrissant de nouveau pour bien le faire pénétrer.
- Mettre la pâte à refroidir en la tapant de temps en temps pour la faire dégonfler (elle doit durcir).
- Au bout de 4 à 5 h, l'étaler au rouleau.
- Badigeonner le saucisson, cuit et refroidi, d'œuf battu avec un pinceau.
- Le rouler dans la farine et l'envelopper dans la pâte briochée.
- Mettre le tout dans un moule à cake beurré.
- Laisser lever 45 mn. Dorer à l'œuf et cuire pendant 30 mn au four à 180° C.

Salade niçoise

Cette très célèbre salade constitue à elle seule un repas complet.
Parfaite dans la chaleur de l'été, elle est composée essentiellement de crudités de saison, hormis les œufs et les anchois.

Préparation : 15 minutes

Pour 4 personnes

- 2 œufs
- mesclun, ou salade de saison
- quelques feuilles de basilic
- 4 belles tomates mûres
- 1 petit poivron à salade
- 3 cébettes ou 1 bel oignon doux
- 1 petit concombre
- 1 gousse d'ail
- quelques févettes
- 2 artichauts poivrade
- 1/2 citron
- anchois
- olives
- huile d'olive de Nice
- vinaigre

- Faire durcir les œufs pas plus de 10 mn pour éviter qu'ils verdissent.
- Les plonger dans l'eau froide, les écaler et les couper en deux. Réserver.
- Laver et essorer la salade et le basilic.
- Laver et essuyer les tomates et le poivron.
- Éplucher les cébettes, le concombre et la gousse d'ail. Écosser les févettes.
- Enlever les petites feuilles dures à la base des artichauts, couper la tige et le bout des feuilles pour n'en conserver qu'un tiers. Les frotter d'un demi-citron avant de les découper en fines tranches.
- Frotter un saladier avec la gousse d'ail avant d'ajouter la salade et tous les légumes découpés.
- Disposer les anchois et les œufs coupés en deux sur le dessus, puis quelques feuilles de basilic ciselées.
- Ajouter un trait de vinaigre et arroser d'huile d'olive.
- Mélanger délicatement le tout et servir frais.

Pissaladière

Le pissala, du niçois "peis salat" est une préparation typiquement locale qui, à l'origine, résultait de la macération d'alevins de sardines et d'anchois dans du sel et des aromates. Par commodité, on utilise de nos jours des filets d'anchois et des olives de Nice. La pissaladière, pâte à pain couverte d'une grande quantité d'oignons fondus et badigeonnée de pissala, doit son nom à ce condiment.

Préparation : 1 h 30
Cuisson : 20 minutes

Pour 6 à 8 personnes

- 2,5 kg d'oignons blancs
- 3 gousses d'ail
- huile d'olive
- thym
- 1 cuillère à soupe de sucre
- 500 g de pâte à pain
- 8 filets d'anchois au sel
- olives de Nice
- sel, poivre

- Éplucher les oignons et les gousses d'ail. Les émincer.
- Dans une cocotte, à feu très doux, les faire fondre pendant une bonne heure dans de l'huile d'olive, avec le thym.
- Couvrir et remuer de temps à autre, en ajoutant au besoin un peu d'eau. Les oignons ne doivent pas colorer et prendre la consistance d'une compote.
- En fin de cuisson, saupoudrer d'une cuillère de sucre et saler modérément.
- Faire préchauffer le four à 200 °C.
- Abaisser la pâte à la main et l'étaler sur la plaque du four préalablement huilée et farinée.
- Répartir les oignons sur la pâte, disposer les anchois préalablement dessalés dessus et parsemer d'olives de Nice. Poivrer et ajouter un filet d'huile d'olive.
- Enfourner environ 20 mn.
- Servir chaud, tiède ou froid avec une salade, ou découper la pissaladière en petits morceaux pour l'apéritif.
- Vous pouvez adapter cette recette sur une pâte feuilletée en utilisant un peu moins d'oignons.

Omelette au brocciu et à la menthe

Voici une recette incontournable de la cuisine corse. L'association du brocciu (fromage de chèvre ou de brebis) et de la menthe, le fondant de l'omelette et la simplicité de sa préparation vous séduiront. Servez ce beau soleil jaune d'or avec une salade verte ou bien prévoyez d'en garnir un pain de campagne pour un pique-nique. Le réconfort apporté par ce "spuntinu" (casse-croûte) après une bonne randonnée en montagne sera des plus appréciés.

Préparation : 10 minutes
Cuisson : 10 minutes

Pour 4 personnes

- 8 œufs
- 1/2 verre de lait
- 500 g de brocciu
- quelques feuilles de menthe fraîche
- huile
- sel, poivre

- Battre les œufs en omelette avec le lait.
- Saler et poivrer.
- Couper le brocciu en morceaux et ciseler les feuilles de menthe au ciseau.
- Mélanger le brocciu et la menthe avec les œufs battus.
- Faire chauffer l'huile dans une poêle. Une fois qu'elle est bien chaude, verser la préparation.
- La retourner pour terminer la cuisson.

Filets de féra à la savoyarde

Appartenant à la famille des corégones, ce poisson d'eau douce vit au fond des grands lacs alpins. Il peut atteindre une taille de 40 cm et peser un kilo. Sa chair blanche et délicate est très appréciée des gastronomes.

Préparation : 20 minutes
Cuisson : 20 minutes

Pour 4 personnes

- 1 ou 2 filets de féra par personne
- 4 échalotes
- 2 verres de vin blanc de Savoie
- 250 g de champignons de Paris
- 100 g de beurre
- 1/2 bouquet de persil
- 1 cuillère à soupe de farine
- 100 g de crème

Sel, poivre

- Hacher 2 échalotes. Disposer les filets de poisson dans un plat à gratin bien beurré, sur le lit d'échalotes. Saler, poivrer et mouiller avec le vin blanc. Recouvrir d'un papier sulfurisé beurré. Mettre 15 mn au four à 200 °C.
- Laver, égoutter et couper les champignons puis les faire sauter au beurre avec les échalotes restantes émincées et le persil haché. Réserver au chaud.
- Mettre les filets sur le plat de service chaud, répartir les champignons tout autour. Récupérer le jus de cuisson dans une casserole, le faire réduire et le lier avec une cuillère de beurre manié avec la farine.
- Ajouter la crème et continuer la cuisson quelques minutes. Arroser les filets de féra avec la sauce obtenue.

Bouillabaisse

La bouillabaisse ne supporte pas la parcimonie. Pour être digne de ce nom, il lui faut une grande variété de poissons de roche : des girelles, des vives, du congre, de la rascasse, du roucaou… Le secret de la réussite tient à la combinaison de ces VIP (very importants poissons) à la personnalité très prononcée.
Mais aussi à une cuisson rapide, sur feu vif : 18 minutes, pas plus, dit-on à Marseille.

- Trier les poissons tendres (merlan, loup, roucaou, saint-pierre…) de ceux à chair ferme (vive, rouget, rascasse, congre…). Les écailler, les vider, couper les têtes et les mettre de côté pour le fond. Détailler les poissons en morceaux.
- Ébouillanter les tomates, les peler et les hacher menu après les avoir épépinées.
- Préparer le fond : faire revenir les oignons avec un peu d'huile d'olive quelques minutes dans un grand faitout. Ajouter les tomates concassées. Laisser cuire 1 mn, puis mettre l'ail écrasé, le thym, le fenouil, le persil, le laurier et l'écorce d'orange. Mouiller avec 3 l d'eau bouillante puis ajouter les poissons de roche, les favouilles ainsi que les têtes des poissons "nobles". Saler, poivrer. Couvrir et laisser mijoter à petit feu pendant 30 mn environ.
- Filtrer le bouillon : utiliser un chinois (ou à défaut une passoire bien fine), dans lequel on pressera les poissons de roche à l'aide d'une cuillère en bois.
- Mettre les poissons à chair ferme dans un autre grand faitout. Ajouter le safran et quelques cuillères d'huile d'olive. Recouvrir avec le fond de poissons (ajouter un peu d'eau bouillante s'il n'y en a pas assez). Faire cuire à gros bouillons pendant 12 mn.
- Ajouter les poissons tendres et laisser cuire encore 5 à 6 mn, toujours à feu très vif.
- Sortir les poissons avec une écumoire et les dresser sur un plat de service.
- Servir le bouillon à part, avec des tranches de pain de campagne un peu rassises et de la rouille.
- Pour la rouille, piler 2 gousses d'ail avec 1 ou 2 piments rouges coupés en morceaux et un peu de gros sel. Ajouter une noix de mie de pain rassis trempée dans du lait et essorée. Broyer le tout. Ajouter 2 cuillères à soupe d'huile d'olive. Mélanger, puis délayer avec 15 à 20 cl de bouillon de la bouillabaisse.

Préparation : 25 minutes
Cuisson : 45 minutes

Pour 8 personnes

Pour la bouillabaisse
- 3 kg de poissons variés (vive, rouget, grondin, rascasse, congre, merlan, loup, roucaou, saint-pierre)
- 1/2 cuillère de safran ou poudre ou, mieux, en pistils
- tranches de pain de campagne un peu rassises

Pour la rouille
- 2 gousses d'ail
- 1 ou 2 piments rouges
- un peu de gros sel
- une noix de mie de pain
- un peu de lait
- 2 cuillères à soupe d'huile d'olive
- un peu de bouillon de la bouillabaisse

Pour le fond
- 1 kg de poissons de roche
- 1 dizaine de favouilles (petits crabes verts)
- 3 oignons émincés finement
- huile d'olive
- 2 belles tomates bien mûres
- 4 gousses d'ail écrasées
- 1 brin de thym
- 1 petite branche de fenouil
- 1 brin de persil plat
- 1 feuille de laurier
- 1 écorce d'orange séchée
- sel, poivre

Stockfish

Le stockfish est le nom donné par les Anglais au cabillaud pêché et séché en Scandinavie. Les marins nordiques l'échangeaient sur la côte méditerranéenne contre de l'huile d'olive et des denrées fraîches dès le début du XIXe siècle.
Ce plat est devenu un des plats traditionnels niçois.
Ne vous laissez pas rebuter par la forte odeur qui se dégage lors de sa préparation !

Pour 6 personnes

- 800 g de stockfish
- 1,5 kg de tomates mûres
- 2 poivrons
- 2 oignons
- 4 gousses d'ail
- huile d'olive
- 1 petit verre à liqueur d'alcool blanc
- 1 verre de vin blanc sec
- olives
- 1 kg de pommes de terre
- persil, basilic
- poivre

Trempage : 5 jours
Préparation : 15 minutes
Cuisson : 2 heures

- 5 jours avant la préparation, faire tremper le stockfish tronçonné en morceaux dans une grande quantité d'eau fraîche, en la renouvelant fréquemment.
- Laver les tomates et les poivrons, les couper en gros morceaux.
- Éplucher et émincer les oignons et les gousses d'ail.
- Égoutter et sécher le stockfish.
- Dans un grand faitout, le faire revenir dans une bonne quantité d'huile d'olive chaude, puis ajouter les poivrons, les oignons et l'ail.
- Verser l'alcool sur la préparation, ajouter les tomates et le vin blanc.
- Mouiller pour bien couvrir le tout.
- Laisser cuire à feu doux 1 h 30 environ.
- Ajouter ensuite les olives et les pommes de terre coupées en gros dés, poivrer abondamment et poursuivre la cuisson une vingtaine de minutes, en rajoutant un peu d'eau si nécessaire.
- Rectifier l'assaisonnement, parsemer de persil haché et arroser d'huile d'olive avant de servir.

Truites “au bleu”

C’est une recette typiquement dauphinoise, destinée à accommoder les truites pêchées dans les torrents alpins. “Au bleu” désigne la cuisson au court-bouillon d’une truite tout juste sortie de l’eau afin qu’elle garde tout le mucus qui la recouvre et qui, grâce au vinaigre, se colorera en une jolie teinte bleutée.

Préparation : 10 minutes
Cuisson : 5 à 10 minutes

Pour 4 personnes

- 4 truites
- 3 carottes
- 1 oignon
- thym, laurier
- 1 petit verre de vinaigre
- 1 grand verre de vin blanc
- 50 g de beurre fondu
- 2 citrons
- persil
- sel, poivre

- Éplucher l’oignon et les carottes puis les couper en rondelles.
- Dans 2 l d’eau, préparer un court-bouillon avec les carottes, l’oignon, le thym, le laurier, le sel, le poivre, le vinaigre et le vin blanc et mettre sur le feu.
- Quand l’eau frémit, plonger les truites vidées et les faire cuire 5 à 10 mn selon leur grosseur. Ne pas laisser bouillir.
- Pendant ce temps, préparer une sauce avec le beurre fondu et le jus d’un demi-citron.
- Égoutter les truites 1 à 2 mn sur du papier absorbant puis les disposer sur un plat de service et décorer avec le citron restant et un peu de persil haché.
- Servir aussitôt accompagné de pommes de terre cuites à la vapeur ou de riz, avec la sauce à part.

Rougets à la bonifacienne

Il est très probable qu'Homère ait décrit le site de Bonifaziu dans l'Odyssée… et cette visite n'a pas été sans surprise. Un des émissaires envoyés par Ulysse pour découvrir les lieux se fait immédiatement dévorer par le terrifiant roi Antiphatès. Aussitôt, des milliers de Laystrygones (en toute logique, les ancêtres des Bonifaciens…) jettent des blocs de rochers sur les marins, les harponnent comme des poissons et finissent par les manger au cours d'un horrible festin anthropophage!

Préparation : 15 minutes
Cuisson : 15 à 20 minutes

Pour 6 personnes

- 6 rougets
- 6 anchois au sel
- 3 branches de persil
- 4 gousses d'ail
- 1 cuillère à soupe de concentré de tomate
- 3 cuillères à soupe d'huile d'olive
- chapelure
- poivre

- Nettoyer les poissons.
- Rincer longuement les anchois à l'eau courante pour les dessaler, au besoin les faire tremper un moment dans l'eau.
- Préchauffer le four à 200 °C.
- Hacher dans un mixeur les anchois, le persil et l'ail.
- Ajouter à ce mélange le concentré de tomate et l'huile d'olive. Poivrer et verser cette préparation dans un plat allant au four.
- Y déposer les rougets.
- Verser un filet très fin d'huile d'olive sur les poissons.
- Les parsemer d'une très fine couche de chapelure.
- Faire cuire au four 15 à 20 mn.

Volaille demi-deuil

Traditionnel sur les tables lyonnaises, ce plat nous permet de découvrir la "Tuber melanosporum", la truffe noire du Tricastin, attestée dans la région depuis le XIVe siècle, équivalente de la truffe du Périgord. "Tuber uncinatum", la truffe de Bourgogne, moins connue et donc moins chère, ne peut convenir car elle perd ses arômes à la cuisson. Cette recette est encore meilleure avec une truffe fraîche récoltée de la mi-novembre à la mi-mars.

Préparation : 30 minutes - Cuisson : 1 h 15 environ

Pour 4 personnes

- 1 volaille de Bresse
- 1 citron
- 1 belle truffe
- 4 carottes
- 4 navets
- 4 poireaux
- 1 oignon piqué de 2 clous de girofle
- bouquet garni
- 1 mousseline
- sel, poivre

Pour la sauce

- 30 g de beurre
- 3 cuillères à soupe de farine
- 50 cl de bouillon de volaille
- facultatif : 15 cl de crème

- Bien frotter la volaille avec un citron coupé en deux et découper la truffe en lamelles.
- Avec un petit couteau bien aiguisé, pratiquer des fentes sur la peau de la volaille (filets et cuisses) et glisser une lamelle de truffe dans chaque fente.
- Ficeler les ailes et les cuisses et envelopper la volaille d'une mousseline.
- Faire bouillir 2 l d'eau dans un grand faitout.
- Saler, poivrer, ajouter les carottes, les navets et les poireaux épluchés, lavés et coupés en rondelles, l'oignon piqué de girofle et le bouquet garni.
- Après quelques minutes d'ébullition, plonger la volaille dans le faitout. Le liquide doit tout juste la recouvrir, au besoin enlever l'excédent de bouillon.
- Laisser cuire pendant environ 1 h 15 (piquer la volaille pour vérifier la cuisson et laisser bouillir éventuellement quelques minutes encore).
- Pendant ce temps, faire fondre le beurre dans une casserole, ajouter la farine.
- Verser tout doucement le bouillon chaud en fouettant énergiquement au fouet à main.
- Laisser épaissir 5 mn environ pour obtenir une sauce onctueuse.
- Si l'on ajoute la crème fraîche, on obtiendra une délicieuse sauce "suprême".
- Sortir délicatement la volaille du bouillon et bien l'égoutter.
- La découper en morceaux et les disposer dans un plat creux avec les légumes autour. La sauce sera servie à part, très chaude.
- Ce plat peut être accompagné de riz blanc ou de salsifis.

Poulet aux écrevisses

Il n'est pas rare de déguster cette vieille recette dauphinoise dans de petites auberges de campagne, aux alentours de Grenoble.

Préparation : 30 minutes
Cuisson : 1 heure au total

- Dans une cocotte, faire revenir au beurre ou à l'huile le poulet coupé en morceaux. Saler et mouiller avec 1 verre de vin blanc sec. Laisser cuire 1/2 heure en ajoutant un peu de vin si nécessaire. En fin de cuisson, ajouter les tomates écrasées.
- Dans une autre cocotte, faire revenir dans du beurre les écrevisses jusqu'à ce qu'elles rougissent. Ajouter les échalotes et la gousse d'ail hachées, 1 petit verre de cognac et flamber. Saupoudrer de 2 cuillères de farine, remuer pour colorer. Verser le vin blanc et le bouillon de veau. Saler, poivrer. Faire cuire 10 mn.
- Vider la cocotte de poulet dans la cocotte d'écrevisses. Mélanger et faire cuire doucement 10 mn.
- Dans un grand bol, mélanger le madère, 3 cuillères de crème fraîche et un peu de sauce et verser le tout dans la cocotte en remuant. C'est prêt !

Pour 6 personnes

- 1 gros poulet fermier
- 1 kg d'écrevisses
- 2 tomates
- 2 échalotes
- 1 gousse d'ail
- 1 petit verre de cognac
- 2 cuillères de farine
- 2 verres de vin blanc sec
- 1 verre de bouillon de veau
- 1 verre de madère
- crème fraîche
- beurre ou huile
- sel, poivre

Alouettes sans tête

Une variation provençale de la traditionnelle paupiette, amendée d'une poignée d'épinards, d'un peu de thym et de sarriette pour la rendre plus légère et plus parfumée.

Pour 4 personnes

- 4 tranches très fines de bœuf (10 cm de côté environ)
- 300 g de petit-salé haché
- 500 g d'épinards
- 3 gousses d'ail dégermées et hachées
- 12 baies de genièvre écrasées
- 1 branche de céleri
- 1 poignée de persil plat
- 5 branches de thym
- 1 petite cuillère à soupe de sarriette
- 1 verre de vin blanc
- 1 bouquet garni composé de persil plat, de thym et de romarin
- 500 g de tomates pelées et concassées
- 1 cuillère à soupe de concentré de tomates
- 1 cuillère à soupe de farine
- huile d'olive
- poivre

Préparation : 25 minutes - Cuisson : 2 heures

- Préparer la farce en mélangeant intimement le petit-salé haché, les épinards blanchis (3 mn à l'eau bouillante) et grossièrement hachés, l'ail, les baies de genièvre écrasées, le céleri coupé en petits tronçons, le thym effeuillé, la sarriette et le persil finement ciselé. Poivrer, mais surtout ne pas saler (le petit-salé s'en charge…).
- Étaler une tranche de bœuf sur une planche à découper. L'écraser avec le plat du couteau si nécessaire. Déposer au milieu une cuillère à soupe de farce. Rouler la tranche et la lier solidement avec du fil de cuisine. Faire de même avec les trois autres tranches.
- Dans une cocotte en fonte, faire chauffer un peu d'huile d'olive. Y mettre à dorer les alouettes sans tête. Saupoudrer de farine. Ajouter le vin blanc, le bouquet garni, les tomates concassées et le concentré. Mélanger. Compléter avec un peu d'eau si la viande n'est pas complètement recouverte de sauce.
- Couvrir et laisser cuire à feu doux au moins 2 h (il faut que les alouettes soient bien tendres).
- Servir avec du riz de Camargue et des épinards.

Daube

Il n'y a pas vraiment de vérité en matière de daube : chaque maison a la sienne. Pensez à remplacer le thym par un brin d'hysope sauvage. La pointe d'amertume mentholée de cette jolie vivace convient fort bien aux saveurs corsées de la daube.

Pour 6 à 8 personnes

- 2 kg de bœuf (gîte et noix)
- 5 oignons
- 5 clous de girofle
- 2 bouteilles de bon vin rouge (côtes-de-provence ou côtes-du-rhône)
- 2 cuillères à soupe de bon vinaigre de vin
- 1 belle poignée d'hysope fraîche (ou à défaut de thym)
- 5 feuilles de laurier
- 1 cuillère à café de muscade
- 4 baies de genièvre écrasées
- 2 gousses d'ail
- 200 g de lard
- 3 cuillères à soupe de concentré de tomates
- 1 kg de carottes
- 500 g de tomates
- 1 écorce d'orange séchée (ou un zeste d'orange non traitée)
- huile d'olive
- gros sel, poivre

Préparation : 45 mn
Marinade : 24 heures (au minimum une nuit)
Cuisson : 4 heures

- Découper la viande en cubes de 8 cm environ.
- Éplucher les oignons. En émincer 4 finement. Couper le cinquième en 2 et le piquer de clous de girofle.
- Mélanger le vin et le vinaigre dans un grand récipient. Y mettre les cubes de bœuf, les oignons, l'hysope, les feuilles de laurier, la muscade, le genièvre, l'ail émincé et 2 carottes épluchées et découpées en fines rondelles. Laisser mariner environ 24 h.
- Le lendemain, trier la viande et les oignons. Réserver la marinade.
- Dans une cocotte en fonte (ou mieux, une daubière en terre vernissée), faire chauffer 3 cuillères à soupe d'huile d'olive et y verser les oignons égouttés. Laisser dorer doucement 4 à 5 mn et les sortir. Mettre à la place les morceaux de viande et leur faire prendre de la couleur (procéder en plusieurs fois pour que les morceaux soient tous bien colorés).
- Quand la viande est dorée à point, ajouter le lard coupé en petits dés et les oignons. Remuer. Saler, poivrer. Ajouter le concentré de tomates. Mélanger puis mouiller avec la marinade et ses aromates. Laisser cuire 1 h à tout petits bouillons.
- Au bout d'une heure, ajouter le reste des carottes épluchées et émincées en fines rondelles, les tomates pelées et épépinées ainsi que l'écorce d'orange (si l'on utilise le zeste frais, ne l'ajouter qu'au cours des 30 dernières minutes de cuisson). Couvrir et laisser encore cuire 3 h à petit feu (de préférence en plusieurs fois : la daube est encore meilleure réchauffée).
- Servir avec des pommes vapeur ou une macaronade (macaronis arrosés de sauce de daube et gratinés au four).

Petits farcis niçois

Une farce d'ingrédients simples mêlés à la chair des légumes, les petits farcis sont l'expression d'un art culinaire typiquement niçois.

Pour 6 personnes

- 6 tomates
- 6 courgettes rondes de Nice
- 7 oignons
- 6 petits poivrons
- 3 aubergines longues

Pour la farce

- 250 g de petit-salé maigre haché ou de chair à saucisse nature de qualité
- 150 g de bœuf haché, ou de restes de viande
- 2 gousses d'ail
- 2 belles tranches de pain de campagne rassis
- 2 œufs
- 150 g de parmesan
- persil
- basilic
- lait
- chapelure
- sel, poivre

Préparation : 1 heure
Cuisson : 40 minutes

- Laver les légumes, peler les oignons et les gousses d'ail.
- Découper un chapeau dans les courgettes et dans 6 oignons.
- Trancher les aubergines dans la longueur.
- Faire cuire tous ces légumes à la vapeur une dizaine de minutes.
- Ouvrir les poivrons, enlever les graines. Réserver.
- Découper un chapeau dans les tomates puis les évider à la cuillère. Les saler à l'intérieur et les retourner dans une passoire.
- Mettre le pain rassis à tremper dans un verre de lait.
- Récupérer soigneusement la chair des légumes blanchis, en faire un hachis grossier. Réserver.
- Émincer et faire revenir dans une grande poêle l'oignon restant haché avec la viande hachée, le petit-salé ou la chair à saucisse et l'ail coupé fin dans de l'huile d'olive.
- Laisser cuire 5 mn avant d'incorporer le hachis de légumes. Bien mélanger le tout et poursuivre la cuisson 5 mn.
- Dans un saladier, battre les œufs en omelette, ajouter le parmesan, le pain égoutté, le persil et le basilic ciselés avant d'incorporer la préparation tiédie. Mêler intimement le tout.
- Saler, poivrer.
- Faire préchauffer le four à 180 °C.
- Farcir les légumes et les disposer dans un plat.
- Saupoudrer de chapelure, arroser d'huile d'olive et enfourner 30 mn environ.

Tianu di pomi

L'élevage de mouton en Corse remonte à l'Antiquité. Un auteur de l'époque, Polybe, rapporte que les bergers s'adaptaient aux pâtures trop escarpées de l'île en rassemblant leurs animaux à la trompe... "et tous accourent sans erreur vers leur gardien respectif..." Ces méthodes de regroupement n'existent plus aujourd'hui, mais le mouton et l'agneau paissent toujours sur des reliefs montagneux, loin des contraintes d'un élevage industriel...

Préparation : 30 minutes
Cuisson : 1 h 45

Pour 4 personnes

- 1 kg d'épaule d'agneau ou de collier
- 700 g de pommes de terre
- 1 petit bouquet d'oignons frais
- 2 gousses d'ail
- 1 cuillère à soupe de farine
- 2 cuillères à soupe de concentré de tomate
- 1 bon verre de vin rouge Pierretti (cap Corse)
- 1 bouquet garni
- 2 cuillères à soupe d'huile d'olive
- noix muscade
- sel, poivre

- Couper la viande en morceaux et la faire revenir à l'huile d'olive dans une cocotte avec les oignons émincés.
- Lorsqu'elle est bien dorée (10 à 15 mn), l'enlever et la réserver.
- Éplucher les pommes de terre, et les faire revenir entières dans l'huile de la cocotte.
- Les retirer et les réserver.
- Remettre la viande avec les oignons dans le récipient.
- Ajouter l'ail écrasé et saupoudrer d'une cuillère à soupe de farine.
- Ajouter le concentré de tomate, le vin et le bouquet garni.
- Couvrir d'eau chaude.
- Saler, poivrer et muscader.
- Faire cuire à feu doux 1 h.
- Ajouter les pommes de terre et prolonger la cuisson encore une demi-heure.

Lentilles au figatellu

Le figatellu, le plus célèbre des produits de la charcuterie corse, a donné son nom à l'un des dignes héros d'"Astérix en Corse" et pas le moindre : Figatelix ! Cette saucisse de porc fraîche se consomme, en principe, entre deux tranches de pain de campagne après avoir été grillé lentement à la braise en égouttant sa graisse. Ceux qui n'ont pas de cheminée pourront tout de même tester ce plat classique de la cuisine corse que l'on déguste avec plaisir les jours de grand froid...

Préparation : 15 minutes
Cuisson : 20 minutes environ

Pour 4 personnes

- 500 g de lentilles vertes AOC
- la moitié d'un figatellu
- 3 carottes coupées en rondelles
- 2 branches de nepita ou de thym
- 2 feuilles de laurier
- 4 oignons frais
- 1 cuillère à soupe rase de concentré de tomate
- 2 gousses d'ail
- 1 verre de vin blanc patrimonio
- 1 bouquet de persil
- huile d'olive
- sel, poivre

- Faire cuire à part les lentilles et les carottes en rondelles dans de l'eau salée avec le thym (ou la nepita) et le laurier dans une Cocotte-Minute pendant 11 mn.
- Égoutter.
- Dans une casserole, faire revenir avec l'huile d'olive les oignons frais coupés en lamelles et le figatellu en morceaux.
- Ajouter le concentré de tomate dilué dans un verre d'eau, les 2 gousses d'ail pressées et un bon verre de vin blanc.
- Saler et poivrer.
- Verser les lentilles dans cette préparation.
- Vérifier la cuisson des lentilles en laissant mijoter, si nécessaire, 10 mn supplémentaires.
- Ajouter de l'eau si besoin est.
- Au moment de servir, decorer de persil cisselé.

Gratin d'andouillettes

L'andouillette de porc ou de veau fait partie du patrimoine de plusieurs régions françaises. Voici une recette lyonnaise version "gratin" sur lit de pommes de terre, qui en régalera plus d'un.

Préparation : 15 minutes
Cuisson : 1 h 30

- Préchauffer le four à 210 °C.
- Dans un plat à gratin, émincer les oignons épluchés.
- Peler les pommes de terre, les laver, les couper en fines rondelles et les ajouter aux oignons.
- Creuser régulièrement les légumes en six endroits et placer les andouillettes dans ces sortes de nids.
- Recouvrir de vin blanc et d'eau chaude.
- Cuire au four pendant 1 h 30 au moins.
- Servir ce gratin accompagné d'une salade verte.

Pour 6 personnes

- 4 oignons
- 6 pommes de terre moyennes
- 6 andouillettes
- 25 cl de vin blanc sec

Fondue savoyarde

Il existe de nombreuses recettes de fondues. Chacun peut, selon son goût, varier les proportions de fromage...
Mais attention, celui qui perd son morceau de pain sera condamné à un gage !
À préparer juste avant l'arrivée des invités.

Préparation : 20 minutes

- Traditionnellement, le caquelon est en terre vernissée ; on peut aussi utiliser une coquelle en fonte émaillée.
- Dans le caquelon frotté avec l'ail, faire chauffer 6 verres de vin blanc avec le kirsch, 3 tours de moulin à poivre et un peu de muscade. Introduire à mesure le fromage coupé en lamelles et remuer à la cuillère en bois jusqu'à obtenir une pâte lisse et très souple. Si c'est trop épais, ajouter du vin.
- À ce moment-là, la fondue est prête : la transporter sur le réchaud qui est sur la table.
- Les convives auront coupé les petits cubes de pain : il n'y aura plus qu'à les plonger dans la fondue à l'aide d'une grande fourchette pour se régaler.

Pour 6 personnes

- 400 g de comté
- 300 g de beaufort
- 300 g d'emmental
- 125 g de vacherin (si c'est la saison, sinon ajouter du comté)
- 1 ou 2 gousses d'ail
- 1 bouteille de vin blanc de Savoie
- 1/2 verre de kirsch
- 3 bagettes de pain à belle croûte
- poivre et noix de muscade

Grand aïoli

Bien plus qu'une sauce, l'aïoli est un repas. Servi autrefois au moment du carême, il semble avoir été inventé pour faire maigre tout en festoyant en bonne compagnie... Cuits à la vapeur, les légumes conservent ici couleurs, saveur et croquant, ce qui leur permet de braver sans crainte le tempérament d'une morue goûteuse associée à l'aïoli.

Préparation : 1 heure - Dessalage : 24 heures
Cuisson : 30 minutes

Pour 4 personnes

- 1 kg de morue salée (ou de cabillaud)
- 16 bulots cuits
- 12 carottes
- 2 courgettes
- 8 bouquets de chou-fleur
- 8 pommes de terre
- 2 belles betteraves cuites
- 500 g de haricots verts
- 4 œufs durs
- 4 artichauts
- 1 feuille de laurier

Pour l'aïoli

Tous les ingrédients doivent être à température ambiante.

- 8 gousses d'ail dégermées
- 1 jaune d'œuf extra frais
- 1 cuillère à café de jus de citron
- 50 cl de bonne huile d'olive pas trop forte
- 1/3 de cuillère à café de gros sel
- poivre

- La veille, faire dessaler la morue en mettant les morceaux dans une passoire posée au fond d'une bassine, elle-même installée sous un filet d'eau courante (à défaut, laisser tremper la morue dans une bassine et renouveler l'eau plusieurs fois).
- Le jour même, préparer l'aïoli. Ébouillanter un mortier. Y piler les gousses d'ail avec le gros sel. Lorsque la pâte est lisse et homogène, ajouter le jaune d'œuf, mélanger et réserver 1/4 d'heure.
- Pendant que l'aïoli repose, éplucher les légumes et les cuire séparément à la vapeur. Tenir au chaud.
- Reprendre l'aïoli : commencer à verser très lentement l'huile d'olive sur la pommade d'ail en tournant sans arrêt avec le pilon, toujours dans le même sens. Après 3 ou 4 cuillères d'huile, ajouter une cuillère à café d'eau bouillante (qui évitera que l'aïoli ne se dissocie), en tournant toujours, puis à nouveau quelques cuillères d'huile. Quand la sauce commence à bien prendre, incorporer tout doucement le jus de citron en remuant sans cesse. Poivrer. Terminer de monter l'aïoli avec ce qu'il reste d'huile d'olive. La sauce est réussie lorsque le pilon se tient droit au milieu du mortier…
- Faire pocher la morue avec la feuille de laurier dans de l'eau frémissante, 5 à 8 mn (plus longtemps, elle durcirait). La laisser en attente dans l'eau jusqu'au moment de servir.
- Égoutter la morue et la couper en morceaux. Dresser le poisson et les bulots au centre d'un grand plat de service. Disposer les légumes tièdes et les œufs durs autour. Servir l'aïoli dans le mortier.

Soufflé au beaufort et au reblochon

Brillat-Savarin avait surnommé le beaufort "le prince des gruyères". Sa pâte souple contient en effet tous les arômes de la flore des alpages. Quant au reblochon, son nom vient du mot savoyard re-blocher c'est-à-dire "pincer le pis de la vache une deuxième fois". C'est ce que faisaient les fermiers du XIIIe siècle après avoir donné le fruit de leur première traite à leur propriétaire, afin d'éviter de payer un impôt trop lourd basé sur la quantité de lait produite.

Préparation : 20 minutes
Cuisson : 40 minutes

Pour 6 personnes

- 150 g de beaufort
- 1/2 reblochon
- 50 g de beurre
- 50 g de farine
- 50 cl de lait
- 5 œufs
- muscade
- sel, poivre

- Râper le beaufort. Couper le reblochon en petits cubes sans enlever la croûte et les mettre au congélateur.
- Dans une casserole à fond épais, faire fondre le beurre et y mélanger la farine avec une cuillère en bois. Verser le lait et porter à ébullition. Faire cuire 5 mn, saler, poivrer et ajouter une pincée de muscade.
- Séparer les jaunes des blancs d'œufs et, hors du feu, incorporer un à un les jaunes et le beaufort râpé.
- Battre les blancs en neige très ferme avec une pincée de sel.
- Allumer le four et le préchauffer à 200 °C.
- Beurrer largement un moule à soufflé. Incorporer délicatement à la préparation les blancs en neige et les dés de reblochon. Verser le tout dans le moule.
- Mettre au four 30 à 40 mn.
- Servir avec une salade verte.

Crozets en gratin

Les crozets sont des petites pâtes savoyardes en forme de carré, réalisées à partir de farine de sarrasin et d'œufs. À défaut de les fabriquer soi-même, on en trouve dans toutes les grandes surfaces.

Préparation : 45 minutes (avec la cuisson des crozets)
Cuisson : 40 minutes

Pour 6 personnes

- 300 g de crozets
- beaufort râpé
- crème fraîche ou "sarfuze"
- sel, poivre

- Faire cuire les crozets dans une grande quantité d'eau bouillante, ou de bouillon de poule au pot, pendant 40 mn pour qu'ils soient bien gonflés.
- Les égoutter, les mettre dans un plat à gratin. Recouvrir de fromage râpé et de crème fraîche et passer au four chaud 15 mn.

Variante : recouvrir les crozets avec fromage râpé et "sarfuze" et servir de suite.
La "sarfuze" est une préparation obtenue en faisant revenir des oignons émincés dans du beurre fondu, avec parfois des lardons et de l'ail émincé.

Gratin de cardon

Voici un légume typique du Dauphiné et du Lyonnais. On le trouve sur les marchés au cœur de l'hiver. Le gratin de cardon est un plat traditionnel de Noël.

Préparation : 1 h 10 (avec la cuisson des cardons)
Cuisson : 20 minutes

- Pour réussir un bon cardon, il est impératif de l'éplucher avec soin en éliminant les vilaines branches, les feuilles, les peaux blanches et les fibres.
- Couper ensuite en petits tronçons et faire cuire dans une grande quantité d'eau salée (pour diminuer l'amertume) pendant 1 h.
- Égoutter et garder le bouillon.
- Faire un roux avec le beurre, la farine et 2 louches de bouillon. Ajouter la crème fraîche et le fromage râpé.
- Mettre le cardon lié avec le roux dans un plat à gratin et faire gratiner à four chaud pendant 20 mn.

Pour 6 personnes

- 1 bon cardon de 1,5 à 2 kg
- 40 g de beurre
- 2 cuillères à soupe de farine
- 200 g de crème fraîche
- 150 g de comté râpé

Gratin dauphinois

Il y a pléthore de recettes de ce célèbre gratin. Ce qui le caractérise est l'utilisation de lait et (ou) de crème en proportions variables et l'absence de fromage. Voici une recette qui fait l'unanimité.

Préparation : 20 minutes
Cuisson : 1 heure à 1 h 30

Pour 8 personnes

- 1,5 kg de pommes de terre charlotte ou bintje (éviter absolument les pommes de terre nouvelles)
- 600 g de crème fraîche
- 60 à 80 cl de lait
- 5 ou 6 gousses d'ail
- 40 g de beurre
- muscade
- sel, poivre

- Après les avoir épluchées, couper les pommes de terre en rondelles fines. Beurrer copieusement un plat à gratin en grès ou en terre et le frotter avec 1 ou 2 gousses d'ail écrasées.
- Remplir le plat par couches successives de pommes de terre. Au fur et à mesure, saler, poivrer, ailler et couvrir de crème et de lait. Parsemer d'un peu de muscade (facultatif).
- Mettre au four à 150 °C pendant 1 h 30 ou, si l'on est pressé, à 180 °C pendant 30 mn puis baisser à 150 °C pendant 30 mn.
- Le gratin doit être doré et moelleux.

Artichauts à la barigoule

On en parle souvent comme d'un plat mythique réservé aux grands chefs, mais on sera surpris de découvrir l'extrême simplicité de la recette... Le secret de la réussite tient à la cuisson. Les artichauts mijotent très longtemps au milieu d'une julienne de légumes aromatisée au vin blanc.

Pour 4 personnes

- 12 petits artichauts violets, tendres et sans foin
- 2 oignons
- 3 échalotes
- 2 carottes
- 2 citrons
- 1 bon verre de vin blanc
- 1 bouquet de persil plat
- huile d'olive
- sel, poivre

Préparation : 15 minutes
Cuisson : 2 heures

- Mettre 2 cuillères à soupe d'huile d'olive dans le fond d'une cocotte. Y ajouter les oignons, les échalotes et les carottes émincés. Saler, poivrer. Mélanger.
- Laver les artichauts. Leur casser la queue. Ôter les feuilles extérieures les plus dures. Couper les autres feuilles aux ciseaux de façon à ne conserver que 2 à 3 cm au-dessus du fond. Enlever le foin si nécessaire. Citronner les artichauts abondamment pour éviter qu'ils noircissent.
- Saler et poivrer les artichauts. Les poser sur le lit de légumes. Arroser d'huile d'olive, de vin blanc et d'un verre d'eau. Couvrir et laisser cuire à tout petit feu pendant environ 1 h 30 à 2 h : le liquide doit avoir entièrement disparu.
- Servir très chaud avec un hachis de persil plat (éventuellement parfumé d'une gousse d'ail) sur chaque artichaut.

Ratatouille niçoise

Il y a de multiples façons de faire une ratatouille, mais à Nice, la cuisson séparée des légumes qui la composent préserve les saveurs et la tenue de cet incontournable repas de l'été.

Préparation : 45 minutes
Cuisson : 30 minutes

Pour 6 personnes

- 800 g d'aubergines violettes
- 1 kg de courgettes de Nice
- 3 poivrons
- 800 g d'oignons
- 2 kg de tomates
- 6 gousses d'ail
- thym, laurier
- quelques olives noires de Nice
- huile d'olive
- sel, poivre

- Laver et essuyer les légumes, éplucher les oignons et les gousses d'ail, enlever le pédoncule et les graines des poivrons.
- Peler partiellement les aubergines si elles sont grosses, les couper en petits dés ainsi que les courgettes. Couper les poivrons en lanières.
- Dans une cocotte, faire revenir les oignons dans de l'huile d'olive, puis ajouter les tomates coupées en dés avec 2 gousses d'ail écrasées, le laurier, le thym, du sel et du poivre et laisser réduire une vingtaine de minutes.
- Dans un autre récipient, faire revenir les aubergines dans de l'huile d'olive avec 2 gousses d'ail écrasées pendant quelques minutes en remuant constamment avec une cuillère en bois. Réserver dans un plat à part.
- Procéder de la même manière pour les courgettes et les poivrons en utilisant les 2 dernières gousses d'ail.
- Lorsque la sauce tomate est cuite, incorporer les légumes cuits séparément, en ayant pris soin d'égoutter l'huile de leur cuisson au préalable.
- Laisser mijoter les légumes ensemble une vingtaine de minutes, ajouter quelques olives.
- Servir chaud, tiède ou froid, nature, avec du riz ou en accompagnement d'une viande ou d'un poisson.

Raviolis à la niçoise

Les raviolis niçois sont traditionnellement confectionnés à base de daube de bœuf et de blettes. La préparation est un peu longue, mais vos papilles ne le regretteront pas!

Préparation : 45 minutes
Cuisson 15 minutes

Pour 4 personnes

Pour la pâte
- 400 g de farine blanche
- 4 œufs
- 3 cuillères à soupe d'huile d'olive

Pour la farce
- 300 g de daube de bœuf
- 500 g de feuilles de blettes
- 1 oignon
- 2 gousses d'ail
- quelques feuilles de persil plat
- 1 œuf
- 50 g de parmesan
- thym
- sel, poivre

- Faire la pâte en mélangeant les ingrédients et la laisser reposer à température ambiante le temps de préparer la farce.
- Laver et blanchir les feuilles de blettes 3 mn dans de l'eau bouillante salée, puis les presser soigneusement.
- Hacher la daube avec l'oignon et les gousses d'ail épluchés, le persil, le thym et les blettes cuites, en surveillant la consistance du hachis qui ne doit pas être réduit en purée trop fine.
- Ajouter l'œuf et le parmesan, rectifier l'assaisonnement. Réserver.
- Couper la pâte en 4 pâtons égaux et les abaisser le plus finement possible sur un plan fariné.
- Déposer sur l'une des abaisses une petite cuillère à café de farce tous les 3 cm, et renouveler l'opération jusqu'à la recouvrir de manière régulière.
- Couvrir d'une feuille de pâte et pincer le pourtour, puis découper avec une roulette la série de raviolis ainsi réalisés. Les séparer.
- Souder le tour de chaque ravioli en pinçant les bords et en humectant si besoin.
- Déposer au fur et à mesure les raviolis légèrement farinés sur un linge, et recommencer l'opération jusqu'à épuisement de la farce et de la pâte.
- Faire cuire les raviolis une douzaine de minutes, en deux fois si nécessaire, dans une grande quantité d'eau bouillante salée.
- Arroser d'un filet d'huile d'olive, servir avec une sauce tomate, ou du jus restant de la daube.

Matefaim

Ne vous fiez pas aux sonorités du nom : une grosse faim ne sera pas forcément "matée" par ce gâteau proche d'une grosse crêpe. Le nom vient du franco-provençal "matefan". Ce plat savoyard et lyonnais était à l'origine une galette de pommes de terre que les paysans mangeaient avant de partir aux champs afin de tenir jusqu'au repas. La recette a été par la suite adaptée en dessert en remplaçant les pommes de terre par des pommes fruits.

Préparation : 20 minutes
Cuisson : 10 minutes

Pour 4 personnes

- 3 petites pommes
- 1/2 citron
- 2 gros œufs
- 150 g de farine
- 100 g de sucre
- 15 cl de lait
- 1 cuillère à soupe de rhum (ou autre alcool au choix)
- 50 g de beurre fondu
- 1 sachet de sucre vanillé
- sel

- Éplucher les pommes et les râper grossièrement.
- Ajouter le zeste et le jus d'un demi-citron.
- Laisser macérer.
- Séparer les blancs des jaunes d'œufs et monter les blancs en neige avec une pincée de sel.
- Dans un saladier, verser la farine et creuser un puits au milieu.
- Verser les jaunes d'œufs et le sucre, bien mélanger en commençant par le centre.
- Ajouter petit à petit le lait, l'alcool et le beurre fondu en remuant avec une cuillère en bois.
- Incorporer délicatement les blancs à cette pâte.
- Ajouter enfin les pommes, bien mélanger.
- Cuire à la poêle bien huilée comme une grosse crêpe.
- Retourner trois ou quatre fois le matefaim à l'aide de deux grandes spatules.
- Déposer sur un plat, poudrer de sucre vanillé ou de sucre glace et déguster tiède.
- On peut remplacer les pommes par des poires ou des brisures d'ananas. Pour un goûter d'enfants, supprimer l'alcool !

Bugnes de Lyon

"Son âme est montée au ciel droit comme une bugne" ! L'expression s'appliquait autrefois à un Lyonnais qui passait de vie à trépas après avoir vécu de façon exemplaire. On célébrait ainsi la légèreté, et de l'âme, et de la bugne ! On doit ici comprendre qu'elle est fabriquée avec très peu de matière grasse (la bugne !), rappel de ce temps du Carême où de saintes femmes la confectionnaient alors.

Préparation : 30 minutes
Repos : 12 heures
Cuisson : 20 minutes

Pour 100 bugnes environ

- 800 g de farine
- 80 g de sucre en poudre
- 10 g de sel fin
- 6 œufs
- 100 g de beurre
- 1 citron
- huile
- sucre glace
- et, selon les goûts, du rhum blanc ou de la fleur d'oranger

- Dans une terrine, disposer la farine en fontaine.
- Au centre, ajouter le sucre, le sel, casser un à un les œufs, incorporer le beurre ramolli.
- Râper le zeste de citron et ajouter 2 cuillères de rhum blanc.
- Pétrir pour obtenir une pâte homogène et assez ferme.
- La travailler longuement puis la rouler en boule et la laisser au frais jusqu'au lendemain.
- Prendre une partie de la pâte et l'étendre au rouleau le plus finement possible.
- À la roulette, découper des rectangles de 4 cm sur 8 cm.
- Faire chauffer un bain de friture à 180 °C.
- Plonger les bugnes dans la friture et les retourner de temps en temps pour qu'elles soient bien dorées.
- Avec une écumoire, les poser sur un papier absorbant.
- Saupoudrer de sucre glace.

Gâteau de Savoie

Sa réputation a depuis longtemps franchi les frontières savoyardes, car c'est un gâteau léger qui peut accompagner une salade de fruits ou une crème au chocolat, ou que l'on peut fourrer avec des fruits rouges, de la crème chantilly, ou encore avec de la crème au beurre.

Pour 8 personnes

- 6 œufs
- 250 g de sucre en poudre
- 200 g de farine,
  ou 150 g + 50 g de fécule
- 1 zeste de citron râpé

Préparation : 10 minutes
Cuisson : 45 minutes

- Séparer les blancs d'œufs des jaunes.
- Mélanger au batteur le sucre et les jaunes d'œufs, pour obtenir un mélange pâle et crémeux.
- Ajouter la farine, la fécule, le zeste de citron et les blancs battus en neige très ferme, avec délicatesse pour ne pas les faire tomber.
- Verser le mélange dans un moule à manqué bien beurré et fariné, et cuire 45 mn au four à 150 °C. Vérifier la cuisson avec la lame d'un couteau.

Astuce : pour obtenir des blancs en neige très fermes, ajouter aux blancs 1 ou 2 gouttes de vinaigre et une pincée de sel fin.

Pogne de Romans

La pâte de la pogne est à la base celle utilisée pour fabriquer le pain et à laquelle on a ajouté œufs, beurre, sucre et eau de fleur d'oranger. Son origine remonte à la fin du Moyen Âge en Dauphiné. C'était un pain de fête fabriqué à Pâques, les œufs étant interdits pendant le Carême.

Préparation : 10 minutes
Repos : 4 à 5 heures
Cuisson : 45 minutes

Pour 8 personnes

- 350 g de farine
- 20 g de levure de boulanger
- 160 g de beurre
- 4 œufs
- 30 g de sucre
- 1 pincée de sel
- 1 cuillère à soupe de rhum
- eau de fleur d'oranger

- Faire un levain avec 100 g de farine et la levure de boulanger délayée dans un peu d'eau tiède.
- Pétrir 250 g de farine avec le beurre mou, une pincée de sel et les 4 œufs battus. Y ajouter le levain, le sucre, le rhum et quelques gouttes d'eau de fleur d'oranger.
- Pétrir la pâte jusqu'à ce qu'elle devienne élastique en y ajoutant un peu d'eau s'il le faut. La couvrir d'un torchon et la laisser lever 4 à 5 h dans un endroit tiède.
- La façonner en couronne ou en boule. Faire des entailles avec un couteau et faire cuire au four à 200 °C pendant au moins 45 mn.

Chichi-frégi

*Un parfum léger de fleur d'oranger, une consistance croustillante en surface et moelleuse à l'intérieur...
Les chichi-frégi sont des petits beignets fabriqués à l'origine avec de la farine de pois chiche. D'où leur nom...*

Préparation : 15 minutes
Repos : 2 heures
Cuisson : 5 à 10 minutes

- Délayer la levure dans un peu d'eau chaude avec 1 pincée de sel.
- Mettre la farine dans une terrine. Faire un puits au centre pour y verser la levure et l'eau de fleur d'oranger. Délayer le tout avec de l'eau tiède jusqu'à obtenir une pâte assez souple. Travailler la pâte 5 à 10 mn avant de la laisser reposer 2 h ou plus dans un endroit tiède.
- Au bout de ce temps, faire chauffer l'huile de friture dans un récipient assez large.
- Quand la pâte a bien levé, la glisser dans une poche à douille et la faire couler dans la friture bien chaude : partir du bord du récipient et former un gros serpentin en faisant attention de laisser suffisamment de place pour que la pâte gonfle.
- Quand le chichi-frégi est bien doré, l'égoutter, le poser sur du papier absorbant et le découper en tronçons de 15 cm environ.
- Servir très chaud, saupoudré de sucre.

Pour 4 personnes

- 250 g de farine
- 7 g de levure de boulanger
- 1 cuillère à soupe d'eau de fleur d'oranger
- huile de friture
- sucre
- sel

Fougasse au sucre

La fougasse au sucre, proche de la pompe à l'huile, fait partie des treize desserts de Noël dans le pays niçois. Certains y ajoutent de l'orange confite, des pignons, des amandes, des dragées... les variantes sont très nombreuses. Selon la tradition, ce pain léger et sucré doit être rompu à la main, et non au couteau. sinon, on rique bien d'être ruiné dans l'année...

Préparation et repos : 1 h 30
Cuisson : 20 minutes

Pour 4 à 5 personnes

- 250 g de farine
- 2 œufs
- 70 g de sucre en poudre
- 3 cuillères à soupe d'huile d'olive
- 1 sachet de levure de boulanger express
- 2 cuillères à soupe d'eau de fleur d'oranger
- sel

- Faire un levain avec 5 cl d'eau tiède et la levure additionnée d'une cuillère à soupe de farine prélevée sur la quantité totale. Laisser reposer 15 mn.
- Dans une terrine, mélanger la farine avec 1/2 cuillère à café de sel, le sucre, les œufs, puis l'huile d'olive et la fleur d'oranger. Ajouter ensuite le levain.
- Former une boule compacte, en ajoutant si besoin soit un peu de farine, soit un peu d'eau, et la laisser reposer sous un torchon dans un endroit tiède pendant 1 h.
- Faire préchauffer le four à 190 °C.
- Pétrir de nouveau la pâte quelques instants pour en chasser l'air et l'abaisser au rouleau sur un plan fariné, en lui donnant une forme ovale sur une épaisseur de 2 cm environ.
- Déposer la fougasse sur une plaque huilée et à l'aide d'un couteau, pratiquer quelques entailles dans la pâte, selon la tradition, en forme d'épi, en écartant bien les bords pour éviter qu'ils ne se referment à la cuisson.
- Enfourner une vingtaine de minutes au maximum.
- Dès la sortie du four, saupoudrer de sucre fin.

Fiadone

Au XIXe siècle le poète Émile Bergerat s'exclamait à propos du brocciu: "Qui n'en a pas goûté ne connaît pas l'île!" Appliquons cet adage à ce dessert très simple de fabrication, qui se préparait à l'origine pour les fêtes de Pâques. Réussissez-le avec un brocciu très frais avec un fort taux d'humidité. Le jus d'orange n'est pas dans la recette traditionnelle, mais il permet une variante honorable et appréciée...

Pour 4 personnes

- 1 brocciu de 500 g
- 200 g de sucre
- 4 œufs
- 1 zeste de citron râpé
- 1 verre à liqueur d'eau-de-vie
- facultatif: 1/2 verre de jus d'orange pressée

Préparation: 10 minutes
Cuisson: 30 minutes

- Écraser le brocciu à la fourchette dans un saladier et ajouter le sucre, les œufs, le zeste de citron râpé et l'eau-de-vie. Mélanger.
- Beurrer un moule rectangulaire en verre et y verser la préparation.
- Mettre au four préchauffé à 180 °C. Laisser cuire 30 mn.
- On peut verser sur le fiadone, à la sortie du four, un demi-verre de jus d'orange pressé et le saupoudrer d'un peu de sucre en poudre.

Antilles

Accras de morue

Si l'on doit aux Portugais l'introduction de la morue dans les îles, l'importation s'est ensuite rapidement faite depuis le nord du Canada. Malgré l'abondance de poisson frais, la morue importée reste curieusement un aliment de base dans toutes les Caraïbes.

Dessalage : 6 heures minimum
Préparation : 40 minutes
Cuisson : 15 minutes au total

Pour 4 personnes

- 200 g de morue
- 1 oignon
- 2 gousses d'ail
- 2 cuillères à soupe de persil haché
- 1 piment oiseau
- 2 œufs
- 200 g de farine
- 1 verre de lait de coco (ou d'eau)
- 1 sachet de levure
- huile de friture
- sel, poivre

- Faire dessaler la morue pendant au moins 6 h et changer l'eau 2 fois.
- Faire cuire la morue 10 mn à l'eau bouillante, l'égoutter et ôter la peau ainsi que les arêtes.
- Émietter la morue, ajouter l'oignon, l'ail et le piment émincés, le persil haché, assaisonner et mixer le tout.
- Dans un saladier, verser la farine et incorporer les œufs. Ajouter le lait de coco (ou l'eau) puis la levure et mélanger jusqu'à obtention d'une pâte onctueuse.
- Verser cette pâte sur la préparation de morue et mélanger le tout.
- Faire des petites boulettes à l'aide d'une cuillère et les déposer délicatement dans l'huile bouillante.
- Laisser dorer quelques minutes en les retournant puis mettre à refroidir sur du papier absorbant.

Brochettes de gambas

Les gambas sont de grosses crevettes pouvant mesurer jusqu'à 20 cm de long. Leur nom est d'origine espagnole. Ces crustacés sont excellents pour la santé : ils sont riches en protéines, très faible en lipides et contiennent des vitamines B12, B3 et du zinc.

Marinade : 30 minutes à 1 heure
Préparation : 20 minutes
Cuisson : 8 minutes

- Préparer une marinade avec les gousses d'ail et un piment oiseau finement hachés, un morceau de gingembre râpé, 1 cuillère à café de sucre de canne, sel, poivre, le jus de 2 citrons verts et 2 cuillères à soupe d'huile d'arachide.
- Décortiquer les gambas en gardant la queue et les laisser mariner au moins 30 mn dans cette préparation, en les remuant de temps en temps.
- Verser dans une soucoupe 2 cuillères à soupe de sucre de canne et dans une autre le jus d'un citron vert et 1/2 piment oiseau haché.
- Découper de gros cubes d'ananas et tremper chaque morceau dans le jus de citron pimenté puis dans le sucre de canne.
- En les alternant, enfiler sur 4 brochettes les morceaux d'ananas et les gambas (4 par personne), et les placer sur le barbecue ou sous le grill du four préchauffé en les retournant à mi-cuisson. Faire cuire environ 3 à 4 mn de chaque côté.
- On peut varier ces brochettes en utilisant des morceaux de banane ou de melon antillais.

Pour 4 personnes

- 16 gambas
- 1 ananas frais
- 2 gousses d'ail
- 2 piments oiseau
- gingembre frais
- sucre de canne
- 3 citrons verts
- huile d'arachide
- sel, poivre

Dés d'avocats marinés

Imaginez-vous au grand soleil, dans un hamac sur une plage de sable blanc, sirotant votre ti punch accompagné de ce délicieux petit plat... Entendez-vous le bruit des vagues ?

Préparation : 15 minutes
Marinade : 1 heure
Repos : 1 heure

Pour 4 personnes

- 1 gousse d'ail
- 1/2 piment antillais sans les graines
- 2 citrons verts
- 2 avocats
- paprika

- Piler dans un mortier l'ail, le piment, le jus des citrons verts et laisser mariner 1 h.
- Peler les avocats, couper leur chair en cubes dans une jolie coupelle et verser la marinade par-dessus.
- Mélanger délicatement, saupoudrer de paprika et laisser au frais une bonne heure. Servir avec des cure-dents.

Crabes farcis

La chasse au crabe de terre est réglementée, particulièrement en Martinique où elle ne concerne que les individus ayant une largeur de carapace supérieure à 7 cm. Elle s'effectue depuis toujours à l'aide de pièges appelés « zatrap ».

Préparation : 30 minutes
Cuisson : 15 minutes + 15 minutes

Pour 4 personnes

- 4 crabes de terre ou tourteaux
- 2 citrons verts
- 3 piments verts
- 1 bouquet garni
- 1 oignon
- 3 gousses d'ail
- 3 cives
- thym et persil
- 125 g de mie de pain
- 15 cl de lait de coco
- rhum (vieux si possible)
- chapelure

- Faire cuire les crabes pendant 15 mn dans un court-bouillon salé aromatisé avec le jus d'un citron vert, 1 piment entier et le bouquet garni.
- Décortiquer soigneusement les crabes en réservant les carapaces. Récupérer toutes les parties comestibles (chair, crème, corail, n'éliminer que le cartilage).
- Faire tremper la mie de pain dans le lait de coco.
- Hacher ensemble et faire revenir l'oignon, l'ail, les cives, 2 piments débarrassés de leurs graines, le thym et le persil dans un peu d'huile jusqu'à obtenir une légère coloration.
- Ajouter la chair des crabes et faire mijoter 5 mn. Incorporer ensuite le pain en mélangeant bien. Arroser avec le jus du citron vert restant, verser 1 cuillère à soupe de rhum, saler, poivrer, et mélanger encore en terminant la cuisson.
- Répartir cette farce dans les carapaces, parsemer de chapelure et laisser cuire à four moyen pendant 15 mn.

Rôti de porc à l'antillaise

Beaucoup d'Antillais élèvent au moins un cochon, qui se transformera bientôt en boudin, en ragoût ou en rôti et que l'on dégustera en famille, avec peu de remords et beaucoup d'appétit !

Préparation : 5 minutes
Cuisson : 1 heure

Pour 4 personnes

- 1 rôti de porc
- beurre
- 1 citron vert
- miel liquide
- rhum blanc
- sel, poivre

- Saler et poivrer votre rôti, le parsemer de quelques noisettes de beurre et l'enfourner à four chaud (180°C).
- Délayer le jus du citron vert avec 5 cuillères à soupe de miel liquide et un verre de rhum.
- Après 30 mn de cuisson, verser cette sauce sur le rôti, prolonger la cuisson encore 30 mn en arrosant régulièrement puis retirer le rôti du plat et le réserver au chaud.
- Faire réduire la sauce sur feu vif, découper le rôti et le servir accompagné de la sauce et de riz.

Christophines farcies

En Provence, cette cucurbitacée est appelée chayotte, ailleurs comme à l'île Maurice ou à la Réunion, on la nomme chouchou. Sa saveur rappelle celle de la courgette.

Pour 4 personnes

- 2 christophines
- 2 carottes
- 3 gousses d'ail
- 2 oignons
- thym
- persil
- 4 crabes
- 3 tranches de pain
- lait
- 3 cives
- 1 piment
- 1 verre de vin blanc
- 1 citron vert
- chapelure
- fromage râpé
- huile d'arachide
- sel, poivre

Préparation : 20 minutes - Cuisson : 40 minutes

- Préparer un bouillon avec les carottes épluchées et coupées en rondelles, une gousse d'ail et un oignon grossièrement coupés, du thym, du persil, du sel et du poivre. Cuire les crabes dans ce court-bouillon une bonne dizaine de minutes.
- Égoutter, laisser refroidir puis récupérer la chair des crabes, en gardant les pinces pour la garniture.
- Couper les christophines en deux, et les faire cuire 20 mn à la vapeur (ou à l'eau). Récupérer leur chair sans percer la peau. Réserver les christophine évidées.
- Laisser tremper le pain dans un peu de lait.
- Faire revenir dans l'huile bien chaude les cives, l'oignon et l'ail restants, du persil et le piment finement hachés. Ajouter la chair des crabes et mouiller avec le vin blanc.
- Incorporer la chair des christophines et le pain écrasé, ajouter encore le jus de citron, saler, poivrer, et bien mélanger le tout.
- Garnir les fonds de christophines avec ce mélange, saupoudrer de chapelure et de fromage râpé et faire gratiner 15 mn à four moyen.

Blanc-manger

Cet entremets est une sorte de gelée parfumée qui se fait traditionnellement avec du lait et des amandes pilées. En voici une variante locale très appréciée qui utilise une des ressources fruitières incontournables des Antilles : la noix de coco.

- Laisser tremper les feuilles de gélatine dans de l'eau froide.
- Faire bouillir 30 cl d'eau avec le sucre et la gousse de vanille fendue en deux dans le sens de la longueur. Au premier bouillon, retirer du feu et laisser infuser 10 mn avant de retirer la gousse de vanille (la râcler pour conserver les graines dans le liquide).
- Ajouter la gélatine et la laisser se dissoudre complètement. Mixer cette préparation avec le lait de coco jusqu'à obtenir un mélange homogène.
- On peut ajouter un trait de rhum pour parfumer.
- Verser dans des coupes, laisser refroidir et placer quelques heures au réfrigérateur.
- Ce dessert peut s'accompagner d'un coulis de mangue ou d'une salade de fruits exotiques.

Préparation : 15 minutes
Repos : 4 à 6 heures

Pour 4 personnes

- 4 feuilles de gélatine
- 150 g de sucre de canne
- 1 gousse de vanille
- 600 ml de lait de coco en boîte
- rhum (facultatif)

Ananas flambé au rhum vieux

Les rhums des Antilles françaises ont tous des arômes et une histoire bien à eux, et toutes les distilleries sont ouvertes aux visiteurs pour qu'ils s'en fassent leur propre idée ! On s'en sert abondamment en cuisine, particulièrement du rhum vieux dont le parfum est plus prononcé. Il relève les plats avec bonheur !

Pour 4 personnes

- 1 ananas bien mûr coupé en tranches
- beurre
- sucre de canne
- cannelle et muscade
- 1/2 citron vert
- 1/2 verre de rhum vieux

Préparation : 15 minutes
Cuisson : 20 minutes

- Chauffer le beurre dans une grande poêle et faire dorer les tranches d'ananas de chaque côté en les saupoudrant de sucre de canne, de cannelle et de muscade.
- Arroser avec le jus de 1/2 citron vert et laisser cuire jusqu'à ce que le sucre caramélise.
- Faire chauffer 1/2 verre de rhum vieux, le verser dans la poêle, faire flamber et servir aussitôt.

Index par type de plat

Potages

Chaudrée de Dieppe . . . 47
Garbure gasconne . . . 142
Patranque . . . 106
Potage bourguignon . . . 105
Soupe à l'oignon gratinée . . . 9
Soupe au pistou . . . 188
Soupe aux crabes verts . . . 138
Soupe aux huîtres . . . 140
Soupe d'orties . . . 190
Soupe de marrons . . . 104
Soupe des hortillonnages . . . 8
Soupe des Jaquins aux moules . . . 38
Soupe tomates et haricots . . . 144
Soupe tourangelle . . . 103
Tourain . . . 141
Velouté de courgettes au selles-sur-cher 102

Entrées

Accras de morue . . . 236
Andouille de Vire boulangère . . . 39
Beignets jurassiens . . . 77
Brochettes de gambas . . . 237
Dés d'avocats marinés . . . 238
Escargots à la caudéranaise . . . 147
Escargots à la mode de Beaune . . . 110
Farci poitevin . . . 40
Farcidure . . . 109
Farinades au saint-nectaire . . . 112
Ficelles picardes . . . 11
Flamiche au maroilles . . . 10
Foie gras entier truffé . . . 150
Gougères . . . 111
Harengs pommes à l'huile . . . 12
Pâté en croûte . . . 70
Pipérade . . . 148
Pissaladière . . . 197
Quenelles . . . 192
Quenelles de foie . . . 75
Quiche lorraine . . . 76
Rillettes . . . 107
Salade berrichonne . . . 108
Salade de gésiers . . . 149
Salade de pommes de terre à la morue . 146
Salade lyonnaise . . . 191
Salade niçoise . . . 196
Sardines à l'arcachonnaise . . . 145
Saucisson brioché . . . 194
Tapenade . . . 193
Tarte flambée (Flammekueche) . . . 72
Tourte au munster . . . 74

Omelettes et œufs

Œufs cocotte au foie gras . . . 153
Œufs en meurette . . . 113
Œufs pochés au médoc . . . 152
Omelette au brocciu et à la menthe . . . 198
Omelette aux truffes . . . 154
Omelette de la baie "à la Poularde" . . . 42

Poissons coquillages et crustacés

Bouillabaisse 200
Brandade de morue 155
Carpe à la bière 78
Chaudrée de Dieppe 47
Coquilles Saint-Jacques aux poireaux . . . 46
Crabes farcis 239
Feuilletés aux anchois 162
Filets de féra à la savoyarde 199
Harengs frits ou grillés 15
Huîtres gratinées 43
Lamproie à la bordelaise 156
Lisettes aux aromates 13
Morue à l'estouffade 160
Mouclade 48
Moules à la marinière 14
Pochouse 114
Rougets à la bonifacienne 205
Saumon au champagne 79
Saumon au sauternes 158
Stockfish 202
Thon à la catalane 159
Thon de Concarneau 44
Truites "au bleu" 204
Truites aux petits lardons 116

Viandes

Alouettes sans tête 209
Andouillettes de Troyes au chaource 81
Blanquette de veau 20
Bœuf bourguignon 120
Boles de picolat 166
Carbonade flamande 16
Cœurs d'oie aux tastets de foie 169
Confit d'oie 172
Coq au riesling 80
Coq au vin 118
Côtes de porc à l'ardennaise 82
Cul de veau à l'angevine 55
Daube 210
Demoiselles grillées 168
Entrecôte à la bordelaise 164
Falette 117
Gigot d'agneau de Pauillac 165
Lapin à la saintongeaise 54
Lapin aux pruneaux 17
Lièvre à la royale 170
Magrets en croûte de sel 173
Oie farcie de la Saint-Martin 84
Petits farcis niçois 212
Poularde au vin jaune 83
Poulet à la picarde 18
Poulet aux écrevisses 208
Poulet basquaise 163
Poulet vallée d'Auge 52
Ragoût de pré-salé 49
Rognons au genièvre 26
Rôti de porc à l'antillaise 240
Saucisse de Morteau en gratin 86

Index par type de plat

Sauté de veau moelleux au cidre....... 53
Steak au bleu d'Auvergne........... 122
Tendrons de veau braisés........... 119
Tianu di pomi..................... 214
Tripes à la mode de Caen............ 50
Volaille demi-deuil................ 206

Plats complets

Aligot......................... 123
Cassoulet...................... 174
Chou farci..................... 126
Choucroute...................... 88
Croque-monsieur, croque-madame..... 27
Fondue au mont-d'or................ 87
Fondue savoyarde.................. 217
Galettes de blé noir................ 56
Grand aïoli....................... 218
Gratin d'andouillettes............. 216
Hachis parmentier.................. 30
Hutsepot........................... 22
Lentilles au figatellu............. 215
Pot-au-feu......................... 28
Potée lorraine..................... 90
Potée auvergnate.................. 124
Soufflé au beaufort et au reblochon.... 220
Waterzooi.......................... 24

Légumes et accompagnements

Artichauts à la barigoule.......... 224
Carottes d'Erdeven au cidre......... 59
Cèpes à la bordelaise............. 176
Choux de Bruxelles................. 31
Christophines farcies............. 241
Confiture d'oignons............... 129
Courgettes farcies au bethmale...... 178
Croustade à la toulousaine......... 177
Crozets en gratin................. 221
Feuilleté aux chicons.............. 32
Galette de pommes de terre......... 128
Gratin dauphinois................. 223
Gratin de cardons................. 222
Haricots à la bourguignonne........ 130
Mojhettes.......................... 57
Navets farcis...................... 58
Pfloutes de pommes de terre......... 92
Pommes de terre sarladaises........ 179
Ratatouille niçoise............... 225
Raviolis à la niçoise............. 226
Spätzle............................ 93

Desserts

Ananas flambé au rhum vieux........ 243
Bettelmann......................... 97
Blanc-manger...................... 242
Bras de Vénus..................... 183
Bretzels........................... 96
Brioche à la tomme de Saint-Nectaire.. 136
Brioche vendéenne.................. 66
Bugnes de Lyon.................... 229

Cannelés de Bordeaux 180
Chichi-frégi 232
Crêpes de froment 64
Croustade ancestrale 184
Fiadone 234
Fondant au chocolat 34
Fougasse au sucre 233
Galette ardennaise 99
Galettes saintongeaises 68
Gâteau breton 60
Gâteau de Savoie 230
Gâteau lorrain aux mirabelles 98
Gâteau nantais 65
Gâteau périgourdin 186
Kouglof 94
Matefaim 228
Millard 133
Millas girondin 182
Pain d'épice 135
Paris-brest 35
Pithiviers 132
Pogne de Romans 231
Rabote 36
Saucisson des Ardennes 100
Tarte à la rhubarbe 33
Tarte au cassis 134
Tarte normande 62
Tarte tatin 131
Teurgoule 63

Index alphabétique

A

Accras de morue 236
Aligot 123
Alouettes sans tête 209
Ananas flambé au rhum vieux 243
Andouille de Vire boulangère 39
Andouillettes de Troyes au chaource 81
Artichauts à la barigoule 224

B

Beignets jurassiens 77
Bettelmann 97
Blanc-manger 242
Blanquette de veau 20
Bœuf bourguignon 120
Boles de picolat 166
Bouillabaisse 200
Brandade de morue 155
Bras de Vénus 183
Bretzels 96
Brioche à la tomme de Saint-Nectaire . . 136
Brioche vendéenne 66
Brochettes de gambas 237
Bugnes de Lyon 229

C

Cannelés de Bordeaux 180
Carbonade flamande 16
Carottes d'Erdeven au cidre 59
Carpe à la bière 78
Cassoulet 174
Cèpes à la bordelaise 176
Chaudrée de Dieppe 47
Chichi-frégi 232
Chou farci 126
Choucroute 88
Choux de Bruxelles 31
Christophines farcies 241
Cœurs d'oie aux tastets de foie 169
Confit d'oie 172
Confiture d'oignons 129
Coq au riesling 80
Coq au vin 118
Coquilles Saint-Jacques aux poireaux . . . 46
Côtes de porc à l'ardennaise 82
Courgettes farcies au bethmale 178
Crabes farcis 239
Crêpes de froment 69
Croque-monsieur, croque-madame 27
Croustade à la toulousaine 177
Croustade ancestrale 184
Crozets en gratin 221
Cul de veau à l'angevine 55

D

Daube 210
Demoiselles grillées 168
Dés d'avocats marinés 238

E

Entrecôte à la bordelaise 164
Escargots à la caudéranaise 147
Escargots à la mode de Beaune 110

F

Falette 117
Farci poitevin 40
Farcidure 109
Farinades au saint-nectaire 112
Feuilleté aux chicons 32
Feuilletés aux anchois 162
Fiadone 234
Ficelles picardes 11
Filets de féra à la savoyarde 199
Flamiche au maroilles 10
Foie gras entier truffé 150
Fondant au chocolat 34
Fondue au mont-d'or 87
Fondue savoyarde 217
Fougasse au sucre 233

G

Galette ardennaise 99
Galette de pommes de terre 128
Galettes de blé noir 56
Galettes saintongeaises 68
Garbure gasconne 142
Gâteau breton 60
Gâteau de Savoie 230
Gâteau lorrain aux mirabelles 98
Gâteau nantais 65
Gâteau périgourdin 186
Gigot d'agneau de Pauillac 165
Gougères 111
Grand aïoli 218
Gratin d'andouillettes 216
Gratin dauphinois 223
Gratin de cardons 222

H

Hachis parmentier 30
Harengs frits ou grillés 15
Harengs pommes à l'huile 12
Haricots à la bourguignonne 130
Huîtres gratinées 43
Hutsepot 22

K

Kouglof 94

L

Lamproie à la bordelaise 156
Lapin à la saintongeaise 54
Lapin aux pruneaux 17
Lentilles au figatellu 215
Lièvre à la royale 170
Lisettes aux aromates 13

Index alphabétique

M

Magrets en croûte de sel 173
Matefaim 228
Millard 133
Millas girondin 182
Mojhettes. 57
Morue à l'estouffade 160
Mouclade. 48
Moules à la marinière. 14

N

Navets farcis 58

O

Œufs cocotte au foie gras. 153
Œufs en meurette 113
Œufs pochés au médoc 152
Oie farcie de la Saint-Martin 84
Omelette au brocciu et à la menthe . . . 198
Omelette aux truffes. 154
Omelette de la baie "à la Poularde". 42

P

Pain d'épice. 135
Paris-brest. 35
Pâté en croûte 70
Patranque 106
Petits farcis niçois 212
Pipérade 148
Pissaladière 197
Pithiviers 132
Pfloutes de pommes de terre 92
Pochouse. 114
Pogne de Romans 231
Pommes de terre sarladaises 179
Potage bourguignon 105
Pot-au-feu 28
Potée auvergnate 124
Potée lorraine. 90
Poularde au vin jaune. 83
Poulet à la picarde 18
Poulet aux écrevisses 208
Poulet basquaise 163
Poulet vallée d'Auge 52

Q

Quenelles 192
Quenelles de foie 75
Quiche lorraine. 76

R

Rabote. 36
Ragoût de pré-salé 49
Ratatouille niçoise 225
Raviolis à la niçoise 226
Rillettes 107
Rognons au genièvre 26
Rôti de porc à l'antillaise. 240
Rougets à la bonifacienne. 205

S

Salade berrichonne. 108
Salade de gésiers 149
Salade de pommes de terre à la morue 146
Salade lyonnaise 191
Salade niçoise 196
Sardines à l'arcachonnaise 145
Saucisse de Morteau en gratin 86
Saucison brioché 194
Saucisson des Ardennes. 100
Saumon au champagne 79
Saumon au sauternes. 158
Sauté de veau moelleux au cidre. 53
Soufflé au beaufort et au reblochon. . . . 220
Soupe à l'oignon gratinée 9
Soupe au pistou 188
Soupe aux crabes verts 138
Soupe aux huîtres 140
Soupe de marrons 104
Soupe des hortillonnages 8
Soupe des Jaquins aux moules. 38
Soupe d'orties 190
Soupe tomates et haricots 144
Soupe tourangelle 103
Spätzle 93
Steak au bleu d'Auvergne. 122
Stockfish 202

T

Tapenade. 193
Tarte à la rhubarbe. 33
Tarte flambée (Flammekueche) 72
Tarte normande 62
Tarte au cassis. 134
Tarte tatin 131
Tendrons de veau braisés 119
Teurgoule. 63
Thon à la catalane 159
Thon de Concarneau 44
Tianu di pomi. 214
Tourain 141
Tourte au munster 74
Tripes à la mode de Caen. 50
Truites "au bleu". 204
Truites aux petits lardons 116

V

Velouté de courgettes au selles-sur-cher 102
Volaille demi-deuil 206

W

Waterzooi. 24

Table des matières

Préface de Paul Bocuse 4

Nord-Pas-de-Calais
Paris - Picardie

Soupe des hortillonnages 8
Soupe à l'oignon gratinée 9
Flamiche au maroilles. 10
Ficelles picardes. 11
Harengs pommes à l'huile 12
Lisettes aux aromates. 13
Moules à la marinière. 14
Harengs frits ou grillés 15
Carbonade flamande 16
Lapin aux pruneaux 17
Poulet à la picarde 18
Blanquette de veau. 20
Hutsepot 22
Waterzooi. 24
Rognons au genièvre 26
Croque-monsieur, croque-madame 27
Pot-au-feu 28
Hachis parmentier 30
Choux de Bruxelles. 31
Feuilleté aux chicons 32
Tarte à la rhubarbe. 33
Fondant au chocolat. 34
Paris-brest. 35
Rabote. 36

Bretagne - Normandie
Pays de Loire - Poitou-Charentes

Soupe des Jaquins aux moules 38
Andouille de Vire boulangère. 39
Farci poitevin 40
Omelette de la baie "à la Poularde". 42
Huîtres gratinées 43
Thon de Concarneau 44
Coquilles Saint Jacques aux poireaux . . . 46
Chaudrée de Dieppe. 47
Mouclade. 48
Ragoût de pré-salé 49
Tripes à la mode de Caen 50
Poulet vallée d'Auge. 52
Sauté de veau moelleux au cidre. 53
Lapin à la saintongeaise 54
Cul de veau à l'angevine. 55
Galettes de blé noir 56
Mojhettes. 57
Navets farcis 58
Carottes d'Erdeven au cidre 59
Gâteau breton 60
Tarte normande 62
Teurgoule. 63
Crêpes de froment 64
Gâteau nantais. 65
Brioche vendéenne. 66
Galettes saintongeaises 68

Alsace - Champagne-Ardennes Franche-Comté - Lorraine

Pâté en croûte 70
Tarte flambée (Flammekueche) 72
Tourte au munster 74
Quenelles de foie 75
Quiche lorraine. 76
Beignets jurassiens 77
Carpe à la bière 78
Saumon au champagne 79
Coq au riesling. 80
Andouillettes de Troyes au chaource 81
Côtes de porc à l'ardennaise. 82
Poularde au vin jaune. 83
Oie farcie de la Saint-Martin 84
Saucisse de Morteau en gratin 86
Fondue au mont-d'or 87
Choucroute 88
Potée lorraine. 90
Pfloutes de pommes de terre 92
Spätzle 93
Kouglof 94
Bretzels 96
Bettelmann 97
Gâteau lorrain aux mirabelles 98
Galette ardennaise 99
Saucisson des Ardennes. 100

Auvergne - Bourgogne Centre - Limousin

Velouté de courgettes au selles-sur-cher 102
Soupe tourangelle 103
Soupe de marrons 104
Potage bourguignon 105
Patranque 106
Rillettes 107
Salade berrichonne. 108
Farcidure 109
Escargots à la mode de Beaune 110
Gougères 111
Farinades au saint-nectaire. 112
Œufs en meurette 113
Pochouse. 114
Truites aux petits lardons 116
Falette 117
Coq au vin 118
Tendrons de veau braisés 119
Bœuf bourguignon 120
Steak au bleu d'Auvergne. 122
Aligot. 123
Potée auvergnate 124
Chou farci 126
Galette de pommes de terre 128
Confiture d'oignons 129
Haricots à la bourguignonne 130
Tarte tatin 131

Table des matières

Pithiviers 132
Millard 133
Tarte au cassis 134
Pain d'épice 135
Brioche à la tomme de saint-nectaire . . 136

Languedoc-Roussillon Aquitaine - Midi-Pyrénées

Soupe aux crabes verts 138
Soupe aux huîtres 140
Tourain 141
Garbure gasconne 142
Soupe tomates et haricots 144
Sardines à l'arcachonnaise 145
Salade de pommes de terre à la morue . 146
Escargots à la caudéranaise 147
Pipérade 148
Salade de gésiers 149
Foie gras entier truffé 150
Œufs pochés au médoc 152
Œufs cocotte au foie gras 153
Omelette aux truffes 154
Brandade de morue 155
Lamproie à la bordelaise 156
Saumon au sauternes 158
Thon à la catalane 159
Morue à l'estouffade 160
Feuilletés aux anchois 162
Poulet basquaise 163
Entrecôte à la bordelaise 164
Gigot d'agneau de Pauillac 165
Boles de picolat 166
Demoiselles grillées 168
Cœurs d'oie aux tastets de foie 169
Lièvre à la royale 170
Confit d'oie 172
Magrets en croûte de sel 173
Cassoulet 174
Cèpes à la bordelaise 176
Croustade à la toulousaine 177
Courgettes farcies au bethmale 178
Pommes de terre sarladaises 179
Cannelés de Bordeaux 180
Millas girondin 182
Bras de Vénus 183
Croustade ancestrale 184
Gâteau périgourdin 186

Corse - Provence-Alpes-Côte d'Azur - Rhône-Alpes

Soupe au pistou 188
Soupe d'orties 190
Salade lyonnaise 191
Quenelles 192
Tapenade 193
Saucisson brioché 194

Salade niçoise 196
Pissaladière 197
Omelette au brocciu et à la menthe. . . . 198
Filets de féra à la savoyarde 199
Bouillabaisse 200
Stockfish 202
Truites "au bleu". 204
Rougets à la bonifacienne. 205
Volaille demi-deuil 206
Poulet aux écrevisses 208
Alouettes sans tête. 209
Daube 210
Petits farcis niçois 212
Tianu di pomi. 214
Lentilles au figatellu 215
Gratin d'andouillettes 216
Fondue savoyarde 217
Grand aïoli 218
Soufflé au beaufort et au reblochon. . . . 220
Crozets en gratin 221
Gratin de cardon 222
Gratin dauphinois 223
Artichauts à la barigoule 224
Ratatouille niçoise 225
Raviolis à la niçoise 226
Matefaim 228
Bugnes de Lyon 229
Gâteau de Savoie 230
Pogne de Romans 231
Chichi-frégi 232
Fougasse au sucre 233
Fiadone 234

Antilles

Accras de morue 236
Brochettes de gambas 237
Dés d'avocats marinés 238
Crabes farcis 239
Rôti de porc à l'antillaise. 240
Christophines farcies 241
Blanc-manger au coco 242
Ananas flambé au rhum vieux. 243

Index par type de plat. 244
Index alphabétique 248

Dans la même collection

Achevé d'imprimer en Espagne en septembre 2010 par Dedalo offset, sur papier provenant de forêts gérées de manière durable.